T0364774

TOPOGRAPHIE DES TERRORS
Gestaltung eines Erinnerungsortes

TOPOGRAPHY OF TERROR
The Design of a Memorial

TOPOGRAPHIE DES TERRORS
Gestaltung eines Erinnerungsortes

TOPOGRAPHY OF TERROR
The Design of a Memorial

ANDREAS NACHAMA
URSULA WILMS
HEINZ W. HALLMANN

FOTOGRAFIEN PHOTOGRAPHS
FRIEDERIKE VON RAUCH

jovis

Wege   Paths

ANDREAS NACHAMA

DER PERSÖNLICHE WEG

Den Schuttablageplatz und das Autoübungsgelände Ecke Anhalter und Wilhelmstraße, also das, was heute das Gelände der Stiftung Topographie des Terrors ist, kannte ich schon aus meiner Kindheit, allerdings nur vom Vorbeifahren. Meine 1922 in Berlin geborene Mutter Lilli Nachama, geb. Schlochauer, die als Berliner Jüdin nach der „Fabrik-Aktion" Ende Februar 1943 bis zur Befreiung am 2. Mai 1945, wie sie es nannte, „illegal", also untergetaucht mit der Hilfe von nicht jüdischen Berlinern, überlebt hatte, pflegte im Vorbeifahren in ihrem VW-Käfer immer mit dem Blick über die Mauer und den Schuttablageplatz im Vordergrund übersehend zu sagen: „Da hinten steht das Reichs-luftfahrtministerium, dahinter war die Reichskanzlei, die fürchter-lichsten Adressen in Berlin."
Das war ein Mantra, wie die „Große Hamburger Straße" ein Synonym für Deportation in den Tod war. Denn dort, in dem neben der jüdischen Oberschule gelegenen Gebäude, wo ursprünglich ein jüdisches Altersheim untergebracht war, wurde ab Ende Mai / Anfang Juni 1942 ein Sammellager der Gestapo errichtet, von dem aus die Berliner Juden deportiert wurden. Oder wie „Das war eine Frau aus der Rosenstraße" ein Synonym für eine Lebensretterin war, die ihren Ehemann „durch die Nazi-Zeit" gebracht hat. Diese „anständigen" Menschen waren meine Nennonkel und -tanten, die meine Familie ersetzten, von deren Mitgliedern es immer nebulös hieß, sie wären „umgekommen". Meine Frage als Kind, wie sie denn umgekommen wären oder wer sie denn umgebracht hätte, wurde genauso wenig beant-wortet, wie die Frage, warum das Haus gegenüber von unserem Wohnort zerbombt war.
Die Geschichten über die „Nazi-Zeit", die sich die gelegent-lich um den Kaffeetisch meiner Mutter versammelten „anstän-digen" Leute erzählten, zum Beispiel, wenn einer von ihnen verstorben war, waren spannend – ich hörte sie gerne, aber es waren atomisierte Mosaiksteine, die ich nicht zu einem Bild zusammenfügen konnte. Die Topographie des Dritten Reiches erschloss sich mir wenig. Als es dann ab Anfang der 1970er-Jahre

THE PERSONAL PATH

The construction waste site and the driving practice grounds at the corner of Anhalter Straße and Wilhelmstraße, where the Topography of Terror Foundation now stands today, was familiar to me since childhood – if only from a car window. When my mother Lilli Nachama drove past in her Volkswagen Beetle she would cast a glance over the Berlin Wall and the construction waste dump in front of it and say, "Behind there is the Reich Aviation Ministry and behind that was the Reich Chancellery, and they were the most terrifying addresses in Berlin." Lilli Nachama, née Schlochauer, was born in Berlin in 1922. Under the Nazis she survived as a Jewish woman by living "illegally", as she put it. After the Gestapo rounded up most of Berlin's remaining Jews in the 'Factory Action' at the end of February 1943 she went into hiding until the city was liberated from fascism on 2 May 1945. She survived with the help of non-Jewish Berliners.
The repeated reference to the sites of terror was a mantra, just as the street name Große Hamburger Straße was synonymous with deportation to death camps. In that street, at the end of May and the beginning of June 1942, the Gestapo set up an assembly camp next door to the Jewish secondary school in a building that had previously housed a Jewish seniors' residence. Berlin Jews were deported from there. Likewise, if a woman was described as "one of the women of Rosenstraße" it meant she had saved a life by protecting her Jewish husband during the Nazi era. These "decent people" were like uncles and aunts to me. They replaced my family, of whom it was said rather vaguely that they had "perished". When I asked as a child how they perished, or who killed them, I got no real answer, just as there was no real answer to the question why the house opposite our home was bombed out.
It was exciting to hear the stories of the Nazi era told by the "decent" friends who my mother invited for afternoon coffee on particular occasions, such as when one of their circle passed away. But though I listened eagerly to those accounts, they were scattered pieces of a mosaic that I couldn't put together to make

durch die Passierscheinregelungen möglich war, Ost-Berlin als West-Berliner zu erkunden, führte mich ein erster Weg in die Otto-Grotewohl-Straße. Das Haus der Ministerien im ehemaligen Reichsluftfahrtministerium war leicht zu finden, jedoch, wo vorher die Reichskanzlei in der Voßstraße war, erstreckte sich nur ein im Grunde leeres Gelände vor der Mauer.

Als ich in den 1970er-Jahren Geschichte studierte, waren NS-Täter nur in einem sehr eingeschränkten Sinn ein Thema. So erschien 1973 etwa die voluminöse Hitler-Biografie von Joachim C. Fest, die jeder Frage nach anderen Tätern als dem „Führer" statt einer Analyse eine entschuldigende Erklärung entgegensetzte. Auch kreisen seit dem Ende der 1960er-Jahre die Diskurse der Faschismustheorien eher darum, welche gesell-schaftlichen Gruppen (z. B. Kapitalisten) für die gesellschaftliche Formation verantwortbar zu machen waren, als um Biografien von Einzeltätern. Das mag auch daran gelegen haben, dass die spektakulären Prozesse um Adolf Eichmann in Jerusalem und um Auschwitz-Täter in Frankfurt wie auch die Verjährungsdebatten eher den 1960er-Jahren zuzuordnen waren. Ohnehin war mein Hauptarbeitsgebiet Preußen in der frühen Neuzeit und eher am Rande beschäftigten mich Fragen der Zeitgeschichte. Nach meiner Magister-Prüfung begann ich an der Ruhr-Universität Bochum im Bereich der frühen Neuzeit eine Assistententätigkeit und schrieb meine Dissertation. In dieser Zeit war Geschichte als Unterrichtsfach zugunsten „politischer Weltkunde" in den Lehrplänen etlicher Bundesländer eher marginalisiert. Gleich-zeitig wurden aber historische Ausstellungen, zum Beispiel eine Pompeji-Ausstellung in London, eine Staufer-Ausstellung in Stuttgart und eine Wittelsbacher-Ausstellung in München große Publikumserfolge. Zu Beginn des Jahres 1979 wurde die US-amerikanische Fernsehserie *Holocaust* zu einem Publikums-erfolg in Deutschland. Dabei wurde klar, dass es trotz einiger Gedenkstätten für Opfer der NS-Zeit, wie Dachau, Bergen-Belsen und Neuengamme, keine Foren für Zeitgeschichte gab, die als Lernorte die NS-Zeit dokumentieren. Ende 1979 stellte Professor Wolfgang Ribbe, mein Doktorvater, eine Verbindung zum wissenschaftlichen Leiter der für 1981 in Berlin geplanten

a complete picture. The topography of the Third Reich meant little to me.

Things changed at the beginning of the 1970s when border restrictions were relaxed to allow us West Berlin residents to explore East Berlin. One of my first trips across the border took me to Otto-Grotewohl-Straße, where I had no trouble finding the East German House of the Ministries installed in the former Reich Aviation Ministry. But at the place in Voßstraße where the Reich Chancellery had once stood there was merely a vacant plot in front of the Wall.

At the time when I studied history at university in the 1970s, Nazi perpetrators were only a subject in a narrow sense. In Joachim C. Fest's voluminous biography, published in 1973, the author countered every question about the guilt of anyone except the 'Führer' with an apologetic explanation instead of analysis. Meanwhile, from the late 1960s the discourse on theories about fascism concentrated more on the question of which social groups (e.g. capitalists) could be regarded as responsible for fascism as a social formation than on individual Nazi perpetrators. Maybe this was because the spectacular trials of Adolf Eichmann in Jerusalem and former Auschwitz concentration camp staff in Frankfurt actually belonged to the debates of the 1960s, alongside discussions on the statute of limitations.

In any case, my academic studies focused on Prussia in the early modern period. Questions of contemporary history only interested me peripherally. After my master's degree I worked as an assistant lecturer on the early modern period at the Ruhr University in Bochum and wrote my doctoral dissertation. At that time history as a teaching subject tended to be marginalised in the curriculum of several West German states in favour of international political studies. But at the same time, historical exhibitions, e.g. a Pompeii exhibition in London, an exhibition on the Staufer dynasty in Stuttgart, and an exhibition on the Wittelsbachs in Munich were big public attractions.

At the beginning of 1979 the American TV series *Holocaust* was a major popular hit in Germany. People began to realise that

Preußen-Ausstellung Professor Manfred Schlenke und zum Intendanten der Berliner Festspiele Dr. Ulrich Eckhardt her, die händeringend preußenkundige wissenschaftliche Mitarbeiter für das Ausstellungsvorhaben suchten. Ich nutzte diese Chance, aus der akademischen Forschung in ein damals nur in Ansätzen entwickeltes Vermittlungsfeld des Präsentierens von Geschichte in Ausstellungen zu wechseln. Die Preußen-Ausstellung versuchte nahezu ausschließlich mit originalen Objekten, die aus der zu dokumentierenden Zeitperiode stammten, preußische Geschichte auch mithilfe von gestalterischen Inszenierungen zu dokumentieren.

DER ORTSBEZOGENE WEG

Anfang 1980 begann ich als Kurator bei den Berliner Festspielen. Ende 1979 erzählte ich meiner Mutter von der neuen Tätigkeit in Berlin für eine Ausstellung im damals noch als ehemaliges Kunstgewerbemuseum bezeichneten Martin-Gropius-Bau. Das Gebäude war schwer kriegsbedingt beschädigt und wurde gerade rekonstruiert. „Da war doch die Gestapo-Reichszentrale drin", entfuhr es ihr. Mit den nur in Bibliotheken zugänglichen Hilfsmitteln erschloss ich mir in den folgenden Tagen anhand der für die damalige Zeit relevanten Adressbücher und Karten, dass die Gestapo, später dann auch das Reichssicherheitshauptamt in der Prinz-Albrecht-Straße 8 angesiedelt waren. Sitz der Terrororganisationen war also nicht das Kunstgewerbemuseum, heute Martin-Gropius-Bau, wie meine Mutter nach 40 Jahren meinte sich zu erinnern, sondern das immerhin durch eine Brücke mit dem Kunstgewerbemuseum verbundene Nachbargebäude, die ehemalige Kunstgewerbeschule. Im weiteren Verlauf meiner Recherche ergab sich dann, dass in der *Bauwelt* bereits Ende 1978 im Kontext der in der Südlichen Friedrichstadt für 1984 geplanten Bauausstellung ein die Topographie des Stadtquartiers unter besonderer Berücksichtigung der NS-Geschichte erschließender Artikel von Dieter Hoffmann-Axthelm erschienen war. Die Ende der 1970er-Jahre angeschobene Rekonstruktion des ehemaligen Kunstgewerbemuseums sollte 1981 mit der

although there were some memorials for victims of the Nazi period such as Dachau, Bergen-Belsen, and Neuengamme, there were no forums for contemporary history that specifically tried to document the Nazi era with respect to their locations. At the end of 1979 Professor Wolfgang Ribbe, my thesis adviser, put me in touch with Professor Manfred Schlenke, the scholarly director of the exhibition on Prussia planned for 1981 in Berlin, and Dr. Ulrich Eckhardt, the general director of the Berlin Festival organisation. They were desperately looking for academic assistants who knew about Prussia for their exhibition. I took the opportunity to move out of academic research and into presenting history in exhibitions, a communicative field that was just starting to develop back then. The Prussia exhibition tried to use almost entirely original objects from the time period it covered to document Prussian history using imaginative design and presentation.

THE SPECIFIC PATH FOR THE SITE

At the beginning of 1980 I started working at the Berlin Festival organisation as a curator. At the end of 1979 I had told my mother I had a new job in Berlin working for an exhibition in Martin Gropius Bau, which was still known then by its old name, the Museum of Decorative Arts. The building, which had been badly damaged in the war, was in the process of reconstruction. "That's exactly where the Gestapo centre for the Reich was," she replied instantly. In the following days, with the help of the accessible information in libraries and using old address books and maps from the Nazi period I discovered that the Gestapo, and later the Reich Security Main Office, were based at Prinz-Albrecht-Straße 8. In other words, the headquarters of the Nazi terror organisations were not in the Museum of Decorative Arts (now Martin Gropius Bau), as my mother had mistakenly remembered after 40 years, but in the adjacent building, the School of Decorative Arts, which had a bridge link to the Museum. My further research uncovered an article from 1978 by Dieter Hoffmann-Axthelm in the architectural magazine *Bauwelt*.

Ausstellung *Preußen – Versuch einer Bilanz* eröffnet werden. Glücklicherweise hatte das Thema „Preußen im Nationalsozialismus" mit Wolfgang Weick einen umsichtigen Bearbeiter, der auch die Gestapo, 1933 vom preußischen Ministerpräsidenten Hermann Göring zunächst als preußische Behörde eingerichtet, im Blick hatte. In der Preußen-Ausstellung konnten die Besucher später einen Blick auf eben das Gelände werfen. Sie fanden grafisch gestaltete Lagepläne vor, auf denen ablesbar war, wo Gestapo, SS und Reichssicherheitshauptamt ihren Sitz hatten und wo das Gestapo-Hausgefängnis als meist kurzfristiges Verließ für die prominentesten Regimegegner gelegen waren.

Ende 1983 wurde dann Ulrich Eckhardt, Intendant der Berliner Festspiele, vom Berliner Senat zum Beauftragten für die 750-Jahr-Feier in West-Berlin berufen. Grundlage seines Konzepts für das Stadtjubiläum war es, keine Elemente herauszustellen, die 1937 bei der 700-Jahr-Feier von den Nationalsozialisten benutzt wurden. Gleichzeitig sollte die Geschichte Berlins zwischen 1933 und 1945 so präsentiert werden, dass auch die Zentralen des Terrors, die deutschland- bzw. nach Beginn des Zweiten Weltkriegs europaweit gewirkt hatten, dokumentiert wurden. Ich wurde für die Jahre 1984 bis 1988 für die Öffentlichkeitsarbeit und Programmkoordination auch in diesem Sinne zuständig.

Für das Gestapo-Gelände wurde 1985 ein Wettbewerb entschieden, der unter Einbeziehung der Geländegeschichte in der NS-Zeit zu einem Stadtpark für den Bezirk Kreuzberg führen sollte. Zwar wurde ein Wettbewerbsbeitrag mit einem ersten Preis gekürt, aber schließlich nach kontroverser öffentlicher Diskussion nicht realisiert, denn im Kontext der Vorbereitung und Durchführung der Bauausstellung gab es seit Beginn der 1980er-Jahre einen von einer großen und kritischen Öffentlichkeit begleiteten Diskurs über das Areal. Es wurde durch engagierte Bürger, aber auch durch Bürgerinitiativen klar, dass es für die Durchführung der 750-Jahr-Feier 1987 unabdingbar wurde, neben der *Ausstellung zur Geschichte der Stadt* im Martin-Gropius-Bau auch eine Dokumentation auf dem Gelände zu platzieren. Indessen hatte, von einer Bürgerinitiative angeregt

Written in the context of plans for a building exhibition in the southern part of Friedrichstadt in 1984, the article examined the topography of this urban quarter of Berlin particularly with regard to the history of the Nazi period.

The reconstruction of the former Museum of Decorative Arts had been kick-started at the end of the 1970s for the projected opening in 1981 of the exhibition *Prussia – An Attempted Balance-Sheet*. By a stroke of luck, the topic 'Prussia in National Socialism' was in the capable hands of Wolfgang Weick. He presciently drew attention to the Gestapo, which was set up by the Prussian Minister of the Interior, Hermann Göring, in 1933, initially as a Prussian authority. Visitors to the Prussia exhibition were offered a tour of the site. They were provided with site diagrams showing the locations of the centres of the Gestapo, the SS and the Reich Security Main Office, and the remains of the Gestapo house prison, which was mostly used for short-term confinement of leading opponents of the Nazi regime.

At the end of 1983, the Berlin Senate appointed Ulrich Eckhardt, the director of the Berlin Festival organisation, to direct the official celebration in West Berlin for the city's 750th anniversary. In principle, Eckhardt's concept for the festivities avoided highlighting any elements used by the Nazis for their 700th anniversary celebration in 1937. He wanted to present the history of Berlin between 1933 and 1945 in a way that would document the centres of terror that operated in Germany, and later throughout Europe after the beginning of the Second World War. From 1984 to 1988 I was responsible for public relations and programme coordination, including for that particular topic.

In 1985 a planning competition was announced for the former Gestapo site. The idea was to integrate the history of the grounds in the Nazi period and make them part of a municipal park for the Kreuzberg district. A competition entry was awarded first prize but it led to a public controversy and was never realised. In fact, in the process of preparing and running the architectural exhibition there had been a big critical public discussion about the site since the beginning of the 1980s. Alongside the main exhibition on the history

und begonnen, eine archäologische Spurensicherung Keller-reste, Reste der Außenmauern des Gestapo-Geländes und sogar einige im Boden verbliebene Teile der Bodenplatte des ehemaligen Hausgefängnisses mit Spuren der Aufmauerung der Zellenwände zutage gebracht.

Professor Reinhard Rürup, der zusammen mit Professor Gottfried Korff die Berlin-Ausstellung im Martin-Gropius-Bau konzipierte, entwickelte gemeinsam mit Gerhard Schoenberner und Professor Wolfgang Scheffler mit einem kleinen Team junger Historiker, unter ihnen Thomas Friedrich, Klaus Hesse und Frank Dingel, eine Ausstellung, die in einem provisorischen Pavillon auf dem Gestapo-Gelände, nahe dem damals als Hauptzugang genutzten Südeingang des Martin-Gropius-Baus, präsentiert werden sollte. Bei den Gründungsarbeiten für den Ausstellungspavillon wurde ein in den damals durchgesehenen Bauunterlagen nicht verzeichneter Keller eines 1942/43 von Häftlingen des KZ Sachsenhausen errichteten Kantinengebäudes entdeckt. Der Architekt Jürg Steiner hat diese dann ausgegrabenen baulichen Reste als zweite Ebene in den von ihm entworfenen Ausstellungspavillon einbezogen. Die Ausstellung wurde von Claus-Peter Groß und Margret Schmitt allein mit dokumentarischen Mitteln gestaltet. Im Gegensatz zu der im Martin-Gropius-Bau gezeigten Berlin-Ausstellung verzichtete die Präsentation der NS-Geschichte bewusst auf originale Objekte oder Dokumente. Gleichwohl wurden Fotoabzüge und fotokopierte Dokumente in Bilderrahmen zusammen mit auf anderen Materialien gesetzten Bildunterschriften oder Einleitungstexten in Bilderrahmen so collagiert, dass Fotos und Dokumente gewissermaßen als haptische Elemente vor den kommentierenden Texten der Ausstellungsmacher zu erkennen waren. Es wurde darauf verzichtet, durch Detailvergrößerungen von Bildausschnitten eine Bilddramatik herzustellen, wie sie etwa in illustrierten Zeitschriften, aber auch in Schulbüchern damals üblich war. Es entstand einerseits eine authentische Dokumentation, andererseits durch die unterkühlte Präsentation am Ort der Täter keine Gedenkstätte, sondern ein im Umfang sehr übersichtlicher, in der Wirkung nüchterner Lernort.

of the city in Martin Gropius Bau, committed individuals and civic action groups had underlined the need for the 750th anniversary celebrations to present an additional exhibition of documentation about the site itself. Meanwhile a grassroots activist group had begun a forensic archaeological investigation of the cellar relics, the remains of the outer walls of the Gestapo site, and had even unearthed some pieces of the floor of the former house prison with traces of the brick filling from the cell walls.

Professor Reinhard Rürup conceived the Berlin Exhibition in Martin Gropius Bau with Professor Gottfried Korff, working with Gerhard Schoenberner and Professor Wolfgang Scheffler and a small team of young historians including Thomas Friedrich, Klaus Hesse, and Frank Dingel. Together they developed an exhibition that was to be presented in a provisional pavilion on the Gestapo site near the south entrance of Martin Gropius Bau, which was the main entrance at that time. During the foundation work for the exhibition pavilion in the late 1980s, the cellar of a canteen building that had been erected in 1942–43 by prisoners from Sachsenhausen concentration camp was unexpectedly discovered. It had been overlooked because it did not appear on the building plans used back then. The architect Jürg Steiner integrated these excavated building remains into his design as the second level of the pavilion. The exhibition was designed by Claus-Peter Groß and Margret Schmitt using entirely documentary materials. But unlike the Berlin Exhibition in Martin Gropius Bau, this presentation of the history of the Nazi period was deliberately done without original documents or objects. Photo prints and photocopied documents in picture frames were collaged with captions printed on other materials or framed introductory texts so as to identify photos and documents as tangible objects accompanied by commentary texts from the exhibition makers. But they declined to use blow-ups of visual details to achieve the kind of dramatic images that were common in magazine illustrations or school textbooks at that time. The result was an authentic documentation. At the same time, the understated presentation at the site of the Nazi

Dieser Ausstellungspavillon mit dem Namen Topographie des Terrors fand ein großes nationales wie internationales Presseecho und wurde ein voller Publikumserfolg. Deshalb, und weil Berlin 1988 als europäische Kulturhauptstadt ein weiteres zusätzliches Kulturprogramm auflegte, wurde die Ausstellung Topographie des Terrors mit ihrem Ausstellungspavillon und Geländerundgang zunächst auf ein weiteres Jahr, dann auf unbestimmte Zeit verlängert.

DER BAUBEZOGENE WEG

Jetzt nahm eine Fachkommission ihre Arbeit auf, die klären sollte, wie das Ausstellungsvorhaben Topographie des Terrors institutionalisiert werden könnte. Unter der Leitung von Reinhard Rürup legte die Fachkommission, bestehend aus Ulrich Eckhardt (Berliner Festspiele), Franz Freiherr von Hammerstein-Equord (Aktion Sühnezeichen), Professor Hardt-Waltherr Hämer (Internationale Bauausstellung Berlin), Gerhard Schoenberner (Aktives Museum), Professor Dr. Stefanie Endlich (Kunstpublizistin), Wolfgang Scheffler (Zentrum für Antisemitismusforschung) und Peter Jochen Winters (*Frankfurter Allgemeine Zeitung*), kurz nach der Wende 1990 ihre Empfehlungen vor. Dabei war unter anderem die Errichtung eines Dokumentationszentrums vorgesehen, das die damals präsentierte Dauerausstellung und Wechselausstellungen zu Themen der NS-Zeit enthalten sollte. Auch dort sollten keine originalen Objekte und Dokumente erworben oder ausgestellt werden. Ausstellung und Geländerundgang sollten von Vortragsveranstaltungen und Publikationen sowie durch didaktische Vermittlungsarbeit gerahmt und begleitet werden. Der 1992 vom Land Berlin unter 12 eingeladenen Teilnehmern durchgeführte Wettbewerb für den Neubau des Dokumentationszentrums führte zur Prämierung des Entwurfs des Schweizer Architekten Peter Zumthor. 1995 wurde für das Projekt der Grundstein gelegt. Um das Baufeld freizuräumen, wurde die Ausstellung Topographie des Terrors aus dem noch immer stark frequentierten Pavillon vor die dann als Ausstellungsgraben hergerichteten Ausgrabungen entlang der Niederkirchnerstraße verlegt.

perpetrators made it different from a conventional memorial. It gave the impression of a sombre place of learning with a clearly defined scope.

This exhibition pavilion with the name Topography of Terror had a powerful resonance both in Germany and abroad and was a great success with the public. The outcome, together with an additional cultural programme for Berlin as the European Capital of Culture in 1988, was that the Topography of Terror exhibition was extended initially for a year, and then indefinitely.

THE CONSTRUCTION-RELATED PATH

Then a special commission began working on how to give the exhibition project for the Topography of Terror an institutional form. Chaired by Reinhard Rürup, the commission's members were Ulrich Eckhardt (Berlin Festival organisation), Franz Freiherr von Hammerstein-Equord (Action Reconciliation Service for Peace), Professor Hardt-Waltherr Hämer (International Building Exhibition Berlin), Gerhard Schoenberner (Aktives Museum), Professor Dr. Stefanie Endlich (arts journalist), Wolfgang Scheffler (Center for Research on Antisemitism) and Peter Jochen Winters (*Frankfurter Allgemeine Zeitung*). The commission presented its recommendations in 1990 shortly after the major political changes following the fall of the Berlin Wall. They included plans for establishing a documentation centre to house the permanent exhibition and additional temporary exhibitions on the topic of the Nazi period. Once again, no original objects and documents were to be acquired or exhibited there. The exhibition and site tour were to be framed and accompanied by lectures and publications of general interest, and an educational approach to communication.

In 1992 the Federal State of Berlin launched an architectural competition for the new documentation centre building and invited submissions from twelve participants. The winner was the design by the Swiss architect Peter Zumthor. The foundation stone for the project was laid in 1995. To clear the building site, the Topography of Terror exhibition was moved from the

Die von der Senatsbauverwaltung betreute Realisierung des Projekts war über 10 Jahre lang das den Fortgang der Topographie des Terrors beherrschende Thema. Daran konnten auch die national wie international beachteten, von Reinhard Rürup kuratierten Sonderausstellungen *Der Krieg gegen die Sowjetunion 1941–1945* (1991), *Berlin 1945* (1995) sowie *1936. Die Olympischen Spiele und der Nationalsozialismus* (1996) wie auch die Präsentation der Topographie des Terrors als Wanderausstellung in Ost-Berlin, in der KZ-Gedenkstätte Buchenwald, in der Stadt Brandenburg, in der KZ-Gedenkstätte Sachsenhausen (1989 vor der Wende) sowie in Mailand und Genua (1994) und in Chicago (1993) wenig ändern.

Erst 2004, mit dem Neustart und dem Entschluss der Bundesbeauftragten für Kultur und Medien Christina Weiss und des Kultursenators des Landes Berlin Thomas Flierl, das Vorhaben nicht weiter zu verfolgen und die bereits errichteten Treppentürme abzureißen, änderte sich die Situation. Ergebnis der dem Neustart vorausgehenden Symposien war, dass die im Fachkommissionsbericht aus dem Jahr 1990 festgelegten Eckpunkte bestätigt wurden. Die Topographie des Terrors sollte mit ihren Dauerausstellungen auf dokumentarische, nicht auf museale Weise, die Geschichte, die von dem Ort ausging, sowohl in einer in einem Dokumentationszentrum erfahrbaren Ausstellung als auch unter freiem Himmel präsentieren. Mit Wechsel- und Sonderausstellungen sollte möglichst die Tätergeschichte vertieft werden. Vortragsreihen und Einzelvorträge sollten zusammen mit didaktisch aufbereiteten Führungen und begleitenden Ausstellungsrundgängen Diskurse mit den Besuchern ermöglichen.

2006 wurde der vom Bundesamt für Bauwesen und Raumordnung (BBR) unter ihrem damaligen Präsidenten Florian Mausbach international offen und anonym ausgeschriebene Wettbewerb für den Neubau des Dokumentationszentrums und die Neugestaltung des Geländes entschieden. Dabei belegte der Entwurf der Architektin Ursula Wilms (damals Partnerin des Büros Heinle, Wischer und Partner, Freie Architekten) und des Landschaftsarchitekten Professor Heinz W. Hallmann den ersten Platz und wurde zur Realisation empfohlen.

pavilion, which still attracted crowds of visitors, to the excavated strip along Niederkirchnerstraße, which was set up as an exhibition trench.

For over ten years the completion of the building project under the auspices of the Berlin Senate Construction Department was a major issue in the development of the Topography of Terror. Meanwhile there were accolades both in Germany and abroad for the special exhibitions curated by Reinhard Rürup, including *The War Against the Soviet Union 1941–1945* (1991), *Berlin 1945* (1995) and *1936 – The Olympic Games and National Socialism* (1996). There were also successful presentations of the Topography of Terror as a travelling exhibition in East Berlin, in Buchenwald concentration camp memorial, in the city of Brandenburg, in Sachsenhausen concentration camp memorial (in 1989 before the fall of the Berlin Wall), as well as in Milan and Genoa (1994) and in Chicago (1993). But all of this did little to alter the building situation.

Things only began to change in 2004 with a new beginning for the memorial and with the decision by the Federal Commissioner for Culture and Media, Christina Weiss, and Berlin's then cultural senator Thomas Flierl, to suspend the building project and to demolish the staircase towers that had already been constructed. The symposia held in advance of the new beginning resulted in confirmation of the key points of the Special Commission report from 1990. The Topography of Terror's permanent exhibition should present the history symbolized and embodied by the site in a documentary form presented to visitors in a documentation centre and outdoors. This was a departure from the usual conventions of museum design. The history of the perpetrators was to be researched in depth and the results presented in special and temporary exhibitions. Lecture series and individual lectures along with educational guided tours and exhibition circuits were to offer opportunities for discussions with visitors.

In 2006 the Federal Office for Building and Regional Planning (BBR), under its then president Florian Mausbach, decided to hold an open, anonymous international competition for the new documentation centre building and the redesign of the

Im folgenden vom BBR begleiteten Realisierungsprozess wurde die Stiftung Topographie des Terrors in alle den Bau und Betrieb betreffende Entscheidungen einbezogen. In regelmäßig, meist wöchentlich stattfindenden Besprechungen, die von der Bereitschaft zu Dialog sowie Konsens- und Lösungsfindung aller Beteiligten getragen war, musste gegenüber dem Wettbewerbsentwurf kaum etwas verändert, nur konkretisiert werden. So wurde beispielsweise die Material- und Farbgebung aller sichtbaren Bauteile des Gebäudes und der Außenanlagen anhand von Mustern im Dialog endbestimmt. Die Fassadenkonstruktion wurde mittels thermisch-dynamischer und 3D-Simulationen eingehend untersucht, um insbesondere die Hülle aus horizontalen Lamellen sowohl hinsichtlich ihrer bauphysikalischen Wirkung wie ihrer Erscheinung zu optimieren. Von den vorgesehenen Ausstellungselementen wurden 1:1-Modelle gefertigt, anhand derer von den Mitarbeitenden der Stiftung Modifikationen angeregt und ihre endgültige Gestaltung im Diskurs präzisiert werden konnte. Parallel dazu wurden die drei Erstausstellungen – die Dauerausstellung im Gebäude *Topographie des Terrors. Gestapo, SS und Reichssicherheitshauptamt in der Wilhelm- und Prinz-Albrecht-Straße* von einem Team unter Leitung von Klaus Hesse und Andreas Sander, die Dauerausstellung im Ausstellungsgraben *Berlin 1933–1945. Zwischen Propaganda und Terror* von einem Team unter der Leitung von Dr. Claudia Steur und der Geländerundgang *Topographie des Terrors. Geschichte des historischen Orts* von Dr. Erika Bucholtz – erarbeitet. Da die Ausstellungsgestaltung in der Hand von Ursula Wilms lag (gemeinsam mit Gerhard Braun, Braun Engels Gestaltung, für die grafische Gestaltung), wurden Synergieeffekte gewonnen, die dazu führten, dass Architektur und Ausstellungsgestaltung zu einer optimalen Einheit verschmolzen, die auch ein Jahrzehnt später noch visuell up to date ist.
Wie im Fachkommissionsbericht empfohlen, konnte bei den Ausstellungen auf die im Devotionalienhandel verfügbaren Objekte wie Uniformen, Gestapo-Marken oder Waffen etc. verzichtet werden. Die Ausstellungen überzeugten allein durch die Macht der reproduzierten Bild- und Textdokumente.

site. The architect Ursula Wilms (then a partner at the architects' office Heinle, Wischer und Partner) and the landscape architect Professor Heinz W. Hallmann were awarded the first prize and a recommendation for realisation.
The BBR's project managers involved the Topography of Terror Foundation in all the relevant decisions for the building and organisation. Regular, usually weekly meetings were held, with all the participants open to dialogue and willing to find compromises and solutions. Hardly anything had to be changed in the competition design. The talks mostly concerned details such as the choice of materials and colours from samples for all the visible parts of the building and the outdoor complexes. The construction of the façade was thoroughly investigated using thermodynamic and 3D simulations, particularly to optimise the shell of horizontal lamellae in relation to its impact on the building's structural physics and appearance. Full-scale models were made of the planned elements of the exhibition which the Foundation staff could use to suggest modifications and agree on final decisions about design details.
The first three exhibitions were produced in parallel. A team led by Klaus Hesse and Andreas Sander created the permanent exhibition in the building, *Topography of Terror – Gestapo, SS and Reich Security Main Office in Wilhelm- and Prinz-Albrecht-Straße*. Dr. Claudia Steur and her team designed the permanent exhibition in the exhibition trench, *Berlin 1933–1945 – Between Propaganda and Terror*. Dr. Erika Bucholtz produced the site tour, *Topography of Terror – History of the Historical Site*. Ursula Wilms was in charge of the overall exhibition design (in conjunction with Gerhard Braun from Braun Engels Gestaltung, who was responsible for the graphic design). The synergies resulted in a fusion of architecture and exhibition design, achieving an optimal unity that is still visually up to date a decade later.
Following the recommendation of the Special Commission, the exhibitions declined to show objects such as uniforms, Gestapo ID tags or weapons and the like which are available in the memorabilia trade. It is the power of reproduced

Bei der Ausstellung im Gebäude wurden die Dokumente anders als die Kommentare und Bildunterschriften nicht direkt auf das Tafelband und die Pulte, die Hauptelemente der Ausstellung, aufgebracht, sondern leicht abgehoben, objekthaft vorgehängt bzw. aufgelegt. Daraus ergab sich eine haptische, objekthafte Ausstellung und zudem eine klare Trennung der Ebenen von Dokument und Kommentar. Ergänzend zum Tafelband und zu den Pulten dienen Studientische mit dort ausgelegten Mappen, Dossiers genannt, sowie Medienstationen mit abrufbaren Ton- und Videodokumenten zur Vertiefung einzelner Themen. Die Tonwiedergabe erfolgt dabei allein durch Kopfhörer oder Hörmuscheln, was die Geräuschkulisse im Ausstellungsraum sehr versachlicht. Der inhaltlichen Gliederung der Ausstellung in fünf Kapitel entsprechen durch das Tafelband gebildete Raumbereiche. Nach dem einführenden Kapitel über die nationalsozialistische Machtübernahme werden die folgenden drei Kapitel, die die Institutionen des Terrors, die wesentlichen Zielgruppen sowie die europäische Dimension des NS-Terrors thematisieren, in drei Raumbereichen mit annähernd quadratischem Zuschnitt gezeigt. Der Besuchende kann sich dort jeweils um 360 Grad drehen und sich so im Mittelpunkt der NS-Terrororganisationen, des Herrschaftsbereichs des Dritten Reichs oder der wesentlichen Opfergruppen wiederfinden. Die Nachkriegsgeschichte – Befreiung, strafrechtliche Verfahren gegen Täter und das Fortleben von NS-Personal besonders in westdeutschen Behörden – ist im letzten Kapitel dokumentiert. Mit Ausblick auf das südliche Gelände findet sich abschließend ein kurzer fotografischer Überblick über die Entwicklung des Geländes vom Schuttablageplatz und Autoübungsplatz zum Dokumentationszentrum.

Die Open-Air-Ausstellung im Ausstellungsgraben zeigt, wie es den Nationalsozialisten gelang, im „roten" Berlin Fuß zu fassen und die Stadt zum politischen Zentrum ihrer Herrschaft auszubauen. Die auch hier eindrücklichen Bild- und Textdokumente sind auf Glastafeln gedruckt, die in einer langen Abfolge parallel zu den freigelegten, als Hintergrund stets wahrnehmbaren Mauerresten angeordnet sind. Jede Tafel ist für sich erschließbar, denn es gibt keine Besucherführung, die der Chronologie

images and text documents alone that makes the exhibitions convincing.

At the exhibition inside the building the documents, unlike the commentaries and picture captions, do not appear directly on the ribbon of panels and the consoles, the two main elements of the exhibition, but are slightly raised, hung in front like objects or laid out. This creates a haptic, objective type of exhibition with a clear division between the documentary and the commentary levels. The ribbon of panels and the consoles are complemented with files – called dossiers – laid out on study tables, while interactive terminals provide sound and video documents for detailed research on specific topics. The sound clips can only be listened to with headphones or earpieces, reducing the background noise in the exhibition room. The exhibition is divided into five chapters corresponding to the spatial areas created by the ribbon of panels. After the introductory chapter on the Nazi seizure of power, the next three chapters are presented in three different areas that describe the institutions of terror, the major target groups and the European dimension of Nazi terror. Visitors can turn full circle there and find themselves respectively in the centre of the organisations of Nazi terror, the regions dominated by the Third Reich or the major groups of victims of the Nazis. The last chapter documents the post-war history of liberation, criminal prosecution of the perpetrators and how life continued for former Nazi employees, particularly in government offices in West Germany. Finally, overlooking a view of the southern site, there is a brief photographic summary of the development of the site from a construction waste depot and driving practice circuit to the Documentation Centre.

The open-air exhibition in the exhibition trench shows how the Nazis succeeded in gaining a hold in 'red' (i.e. communist and socialist) Berlin, and developed the city into their political power centre. Here, too, the images and text documents leave a powerful impression. They are printed on glass panels arranged in a long row parallel to the excavated remains of the Berlin Wall, which are ever-present in the background. Each panel can be seen in its own right because no guided tour would be able

folgen könnte, da Besuchende sowohl von der Wilhelmstraße wie auch vom Martin-Gropius-Bau her in den Ausstellungsgraben gelangen können. Auch die einzelnen Informationspulte des Geländerundgangs sind selbsterklärend angelegt: Neben einer Kartengrafik zur Orientierung geben Dokumente einen kurzen Überblick über die Geschichte des Areals mit Bezug zu den jeweils vom Standort aus sichtbaren baulichen Spuren im Gelände oder den Gebäuden der Umgebung.

WEGE IN DIE ZUKUNFT

Die Topographie des Terrors ist ein Forum für Geschichte in der Gegenwart. Dazu dienen neben den Dauerausstellungen auch Sonderausstellungen, von denen mehr als 40 verschiedene in den letzten 10 Jahren in der Topographie des Terrors gezeigt wurden. Vorträge, Podiumsdiskussionen und Filmvorführungen im 200 Personen fassenden Auditorium wie auch Seminare mit betreuten Besuchergruppen haben neueste Erkenntnisse zur NS-Geschichte, aber auch zu Fragen über den weiteren Umgang mit diesem schweren Erbe zum Thema, die hier auch kontrovers erörtert werden können. Eine umfangreiche Fachbibliothek ermöglicht zudem ein vertiefendes Studium der Geschichte des Nationalsozialismus.
Als die Topographie des Terrors entstand und als Dauereinrichtung detailliert konzipiert wurde, waren Zeitzeugen als Quelle für packende Geschichtsdokumentationen sehr gefragt. Steven Spielberg zog nach Kritik von Holocaust-Überlebenden schon während der Dreharbeiten an seinem Spielfilm *Schindlers Liste* daraus den Schluss, die Shoah Foundation, vollständig *Survivors of the Shoah Visual History Foundation*, zu gründen, die weltweit Zeitzeugen interviewte, um das dann archivierte Material für Forschungs- und Unterrichtszwecke zur Verfügung zu stellen. Zwar bleiben diese Videos auch für künftige Generationen abrufbar, aber lebendige Zeitzeugen werden mit dem Laufe der Zeit immer weniger zur Verfügung stehen. Zeitzeugen gehen dahin – authentische Orte aber bleiben. Das gilt für Konzentrationslager genauso wie für Orte des NS-Terrors, die – wie die Topographie

to follow the chronology, as visitors can enter the exhibition trench from two sides, either from Wilhelmstraße or from Martin Gropius Bau. The arrangement of the individual information consoles for the site tour is also self-evident: along with a sketch map for orientation, documents give a brief outline history of the particular area in relation to the traces of buildings on the site or the surrounding buildings.

PATHS TO THE FUTURE

The Topography of Terror is a forum for history in the present. Aside from the permanent exhibitions it also stages special exhibitions; over forty have been on show in the Topography of Terror in the past ten years. The 200-seat auditorium has hosted lectures, panel discussions, film screenings, and seminars with visitor groups. They have explored the latest insights into the history of National Socialism, alongside new and sometimes controversial ideas on how to deal with this momentous legacy in the future. A comprehensive specialist library provides the opportunity for intensive further study of the history of National Socialism.
At the time when the Topography of Terror came into being and was conceived in detail as a permanent institution, contemporary witnesses from the Nazi era were much in demand as sources for vivid historical documentation. Steven Spielberg responded to the criticism of Holocaust survivors during the shooting of his fiction film *Schindler's List* by later founding the Shoah Foundation, or *Survivors of the Shoah Visual History Foundation*, to give it its full title. The Foundation interviewed contemporary witnesses worldwide and made archive material available for research and teaching. Whereas these videos remain accessible for future generations, living witnesses are becoming harder to find as time goes by. Yet although contemporary witnesses pass away, authentic sites remain. This applies just as much to concentration camps as to centres of Nazi terror – places like the Topography of Terror, in the middle of the government quarter back then and in the middle of the capital of Germany today.

des Terrors – mitten im damaligen Regierungsviertel und heute mitten in der Bundeshauptstadt liegen: Der NS-Terror hatte seine Zentralen vor aller Augen mitten in der Reichshauptstadt.

Als von 1994 bis 1998 Klaus Töpfer in seinem Amt als Bundesbauminister für die Einrichtung der Regierungsgebäude in der (neuen) Bundeshauptstadt Berlin zuständig war, prägte er angesichts der oft traurigen Vorgeschichte zahlreicher Gebäude den Satz, eine funktionierende Demokratie sei das beste Denkmal für die Opfer. Für die Topographie des Terrors, die vis-à-vis des ehemaligen Reichsluftfahrtministeriums auf dem ehemaligen Gelände der Gestapo und des Reichssicherheitshauptamtes platziert ist, hat der Umgang mit den Biografien und Verbrechen der Täter eben auch die Konsequenz, keine Gedenkstätte für die Opfer des Nationalsozialismus zu sein, sondern ein Lernort, der Auskunft gibt, was in einer Gesellschaft, in einem Land, auf einem Kontinent, ja in der Welt passiert, wenn regierungsamtliches oder polizeiliches Handeln nicht von unabhängigen Gerichten kontrolliert wird.

Zum Nachdenken über Diktatur, Rassismus und Menschenverachtung anzuregen, wie es bereits im Abschlussbericht der Fachkommission 1990 formuliert worden ist, bleibt auch weiterhin die zentrale Aufgabe der Topographie des Terrors – und sie scheint angesichts aktueller Ereignisse und Entwicklungen mitunter wichtiger denn je.

The power centres of Nazi terror stood in plain sight in the middle of the capital of the German Reich.

Klaus Töpfer, Germany's minister of construction from 1994 to 1998, was responsible for the erection of government buildings in the (new) federal capital of Berlin. With regard to the frequently deplorable history of many buildings, he once aptly remarked that a functioning democracy is the best memorial for the victims. In the case of the Topography of Terror, which is located opposite the onetime Reich Aviation Ministry on the former site of the Gestapo headquarters and the Reich Security Main Office, the very fact that it deals with the perpetrators' biographies and crimes means that it should not be a memorial for the victims of Nazism. Instead, it should be a place for learning that provides information about what happens in a society, a country, a continent, a world when governmental and police actions are not controlled by independent courts.

To affirm the words of the final report of the Special Commission back in 1990, encouraging people to think about dictatorship, racism, and contempt for humankind is still the key mission of the Topography of Terror. And now, in the light of current events and developments, this seems more important than ever.

Annäherung   Approach

FRIEDERIKE VON RAUCH

Im Herbst 2009 erhielt ich die Anfrage, die Topographie des Terrors fotografisch zu dokumentieren. Nach anfänglichen Bedenken, ob und wie man diesem Ort in einer fotografischen Umsetzung gerecht werden könne, nahm ich die Einladung an. Die neue Architektur für den durch seine Geschichte aufgeladenen Ort empfand ich als präzise durchdacht und unaufgeregt. Das beeindruckte mich und wies mir den Weg für meine eigene Annäherung an ihn.

Die meisten der Aufnahmen entstanden im Winter 2009/10. Gebäude und Gelände waren zu dieser Zeit fast fertiggestellt, der Graben vor den freigelegten Mauerresten entlang der Niederkirchnerstraße jedoch noch nicht überdacht und die Ausstellungsbereiche ohne Einrichtung. Im Frühsommer 2010 besuchte ich den Ort dann erneut, angezogen vom ergrünten Robinienwäldchen.

In the autumn of 2009 I was asked to make a photographic documentation of the Topography of Terror. At first I was unsure whether and how a photographic account could really convey the sense of the place, but eventually I accepted the invitation. Given the heavy historical burden associated with this site, the new architecture seemed to me to be calm and carefully thought out. This impressed me and guided my own approach to the site.

Most of the photographs were taken in the winter of 2009–10. Although the work on the building and the site was almost finished by then, the trench in front of the exposed remains of the Berlin Wall along Niederkirchnerstraße was not roofed over yet, and the exhibition areas were still empty. In the early summer of 2010 I visited the site again especially to see the grove of locust trees in bloom.

Neugestaltung Redesign

URSULA WILMS
HEINZ W. HALLMANN

Mit der Teilnahme am international offenen Realisierungswettbewerb begann 2005 unsere gestalterische Arbeit für die Topographie des Terrors. Uns beschäftigte allem voran, wie eine angemessene Gestaltung dieses Ortes, der durch die mit ihm verbundene NS-Geschichte für immer „kontaminiert" und der vom Vergessen, Verdrängen, aber auch von der Wiederentdeckung ebenjener Geschichte geprägt ist, aussehen könnte. Schließlich fanden wir eine scheinbar einfache und naheliegende Antwort: Die Architektur von Gebäude und Freiraum musste sich in ihrer Gestaltung jeglicher interpretatorischer und inszenatorischer Ansätze enthalten. Sie sollte das Interesse des Besuchers nicht auf sich, sondern auf den Ort und die Informationen lenken, die dort geboten werden – ohne dabei belanglos zu erscheinen – und ihrem vorrangigen Zweck der Bildungs- und wissenschaftlichen Arbeit dienen. Ein im Zusammenhang stehender Entwurf für den Neubau des Besucher- und Dokumentationszentrums und die Neugestaltung des Freiraums war unabdingbar, da das gesamte Gelände als das erste Exponat der Topographie des Terrors gelten sollte.

DER ORT IM JAHR 2005

Der noch heute deutlich erkennbare Gegensatz des Erscheinungsbildes des nördlichen und des südlichen Geländeteils, der nicht zuletzt auch aus der jeweils unterschiedlichen Nutzung in der Nachkriegszeit herrührt, prägte den Ort auch schon 2005. Der nördliche Teil war relativ eben und weitgehend frei von Bewuchs. Nach Abbruch und Enttrümmerung seiner Bebauung in der Nachkriegszeit war dieser Teil des Geländes bis in die 1980er-Jahre durch eine Bauschuttverwertungsfirma genutzt worden. Die Realisierung des von Peter Zumthor geplanten Projekts für die Topographie des Terrors war nach jahrelangem Baustopp im Mai 2004 beendet worden, die ausgeführten Teile des Rohbaus waren inzwischen zurückgebaut, die Baugrube war bereits verfüllt. Das auf dem Gelände befindliche Bodendenkmal – Reste des Kellerfußbodens des ehemaligen Gestapo-Hausgefängnisses – war durch seine zwischenzeitliche Freilegung

Our work on the design of the Topography of Terror began in 2005 when we entered the international architectural competition to remodel the site. This was a place tied to a Nazi past that had contaminated it forever, a site marked by a period of forgetting and repression followed by the rediscovery of that history. The most important question for us was what an appropriate design for such a place could look like. We finally lit upon an apparently simple, obvious answer: the architecture of the building and the surrounding open space should inherently refrain from any attempts at interpretation or staging. Our design should not be the main focus for the visitors but should bring them to look carefully at the place and the information it provided. Avoiding triviality, its primary purpose should be as a place for education and specialist research. An essential feature of the related draft plan of the new building for the Visitor and Documentation Centre and for redesigning the surrounding open space was that the site as a whole should be regarded as the primary exhibit of the Topography of Terror.

THE SITE IN 2005

The visual contrast between the northern and southern parts of the site remains clearly evident today. It arose partly from the various different uses of these areas in the post-war period, and still influenced the look of the site in 2005.
The northern part was relatively flat and mostly devoid of vegetation. After the building demolition and clearing of the site in the post-war period, this part of the site was used by a construction waste firm until the 1980s. The project for the Topography of Terror by architect Peter Zumthor ended in May 2004 after years of construction delays; in 2005 the completed parts of the construction had been dismantled and the foundation pit had been refilled. The ground memorial on the site – the remains of the cellar floor of the former Gestapo house prison – had been uncovered at various times, and the exposure had caused serious erosion. To protect it, the floor covering had been replaced again. The excavated cellar walls from the

erheblich erodiert und deshalb zu seiner schützenden Konservierung wieder mit Boden bedeckt worden. Die freigelegten Kellerwände der unmittelbar benachbarten ehemaligen SS-Versorgungsbaracke, des sogenannten „Küchenkellers", hatte man provisorisch abgedeckt. Der langgestreckte Ausstellungsgraben entlang der Berliner Mauer bzw. der Niederkirchnerstraße im Kontext der freigelegten Kellerwandreste war bereits vorhanden. Seit 1997 wurde dort die Dauerausstellung Topographie des Terrors gezeigt. Der Blick auf die Berliner Mauer, die das Gelände nach Norden hin begrenzt, war weitgehend durch auf dem damals nicht zugänglichen Gehweg der Niederkirchnerstraße aufgewachsenes Gehölz verstellt.

Der südliche Teil des Geländes, der den längst vergangenen, von Peter Joseph Lenné gestalteten Garten hinter dem ehemaligen Prinz-Albrecht-Palais umfasst, war bis in die 1980er-Jahre durch das „Autodrom – Fahren ohne Führerschein" genutzt worden. Dort hatte sich das ebenfalls wild aufgewachsene sogenannte Robinienwäldchen auf Schuttresten etabliert. Es bildet auch heute noch einen räumlichen Abschluss des Geländes nach Süden hin.

Längst waren die Topographie des Terrors als Ort in Berlin und die Arbeit der 1992 gegründeten gleichnamigen Stiftung zu einem zentralen Bestandteil der Erinnerungskultur in Deutschland geworden. Vorauszusehen war noch nicht, dass sich die jährliche Besucherzahl von damals rund 350.000 auf heute über eine Million erhöhen und die Topographie des Terrors zu den meistbesuchten Museen bzw. Gedenk- und Erinnerungsorten in Berlin zählen würde.

DIE GESTALTBARKEIT DES ORTES

Auf der Grundlage der dargestellten Prämissen galt es zunächst, die städtebaulichen Bezüge zu klären, vorrangig dabei die Verortung des Gebäudes sowie die freiräumliche Gestaltbarkeit des Geländes. Für uns war es undenkbar, einen Bezug zwischen dem künftigen Besucher- und Dokumentationszentrum und den ehemaligen Gebäuden herzustellen, die von den Zentralen der

former SS mess hut, known as the 'basement kitchen', which was directly next door, had been temporarily covered over. The long narrow exhibition trench along the remains of the Berlin Wall and Niederkirchnerstraße already existed as part of the uncovered remains of the cellar walls. The permanent exhibition of the Topography of Terror had been on display there since 1997. The view of the Berlin Wall, which bordered the site to the north, was largely blocked by wild vegetation that had grown on the pavement of Niederkirchnerstraße, which was closed off at that time.

The southern part of the site, including the long-gone garden designed by Peter Joseph Lenné behind the former Prinz Albrecht Palais, had been used until the 1980s to house the Autodrom, a driving practice circuit. Here, too, wild vegetation in the form of locust trees had taken root on rubble remains. They still border the site towards the south today.

By 2005 the Topography of Terror as a location in Berlin, and the work of the eponymous foundation set up in 1992, was already well established as a key element of memorial culture in Germany. We could not have anticipated that the number of annual visitors would rise from around 350,000 at that time to over a million today, making the Topography of Terror one of Berlin's most-visited museums and memorials.

THE CONFIGURABILITY OF THE SITE

Given the premises outlined above, our first task was to clarify the relationships in terms of urban development, above all where to position the building and how to configure the open-air site. We rejected the idea of trying to establish a relationship between the future Visitor and Documentation Centre and the buildings that once stood on the site – the buildings used by the Gestapo centre with its house prison along with the Reich Security Main Office, the Reich SS leadership, and the Security Service. It seemed equally impossible for us to make any direct links with other buildings or sites in the urban surroundings that were not similarly fraught with historical memories. Last but not

Gestapo mit ihrem Hausgefängnis, vom Reichssicherheitshaupt-amt sowie der Reichsführung SS und dem Sicherheitsdienst genutzt worden waren. Ähnlich unmöglich erschien uns eine direkte Bezugnahme jeglicher Art zu einem anderen, nicht in gleicher Weise belasteten Gebäude oder Gelände in der städti-schen Umgebung. Die Einbindung der Topographie des Terrors in das Stadtgefüge sollte sich nicht zuletzt in einer bleibend wahrnehmbaren Unterscheidung durch eine inhaltlich nicht mehr mögliche Einbindung zeigen.

Für das Gebäude musste also ein von der üblicherweise kon-textuellen Beziehung zur vorhandenen Umgebung losgelöster Standort gefunden werden. Ausschlaggebend für die Standort-wahl waren deshalb seine Erreichbarkeit vom öffentlichen Raum aus sowie seine Nähe zum bereits vorhandenen Ausstellungsgra-ben entlang der Niederkirchnerstraße.

Weil das gesamte Gelände als erstes Exponat der Topographie des Terrors galt, konnten auch die bekannten Ansätze städtischer Freiraumgestaltung keine Anwendung finden. Ein öffentlicher Park, ein grünbetonter Stadtplatz oder ein von der Natur zurück-erobertes Gelände kamen für uns als Gestaltungsansätze nicht in Betracht, denn sie hätten eine beschönigende und verschlei-ernde Wirkung gehabt. Entsprechend den entwickelten Vor-stellungen zum Gebäude und seiner Positionierung konnten auf dem nördlichen Gelände somit nur die bereits freigelegten bau-lichen Reste der von NS-Institutionen genutzten Gebäude ver-bleiben. Ein zu erwartendes spontan-natürliches Pflanzenleben sollte durch eine Abdeckung des Bodens mit einer Kies- oder Schotterschicht zeichenhaft auf lange Zeit unterbrochen bleiben. Das auf dem südlichen Teil des Geländes unter Schutz stehende Robinienwäldchen sollte im beabsichtigten Kontrast zum „leb-losen" Steinfeld des nördlichen Geländes stehen.

DIE GESTALTUNG DES FREIRAUMS

Die landschaftsarchitektonische Aufgabe bestand in der Gestal-tung des etwa 30.000 Quadratmeter großen freien Geländes der Topographie des Terrors unter Berücksichtigung der vorhandenen

least, we wanted to integrate the Topography of Terror into the urban fabric in such a way that it would remain permanently and discernibly apart from its surroundings without any possibility of blending in.

In other words, we had to find a location for the building that was independent of the normal contextual relationship to existing surroundings. This meant that the building's accessibility from public space and its proximity to the existing exhibition trench along Niederkirchnerstraße were crucial factors for the choice of location.

Because the site as a whole was regarded as the primary exhibit of the Topography of Terror, the familiar approaches to designing urban open space were not applicable. We dismissed design ideas such as a public park, a greened city square or an area reclaimed by nature, because they would have had a beautifying or obscuring effect. In line with the concept and position of the building that we developed, the only buildings that could stand on the northern part of the site were the already excavated remnants of the buildings used by Nazi institutions. The natural vegetation that could be expected to grow spontaneously was to be symbolically interrupted for a long period by covering the ground with a layer of gravel or grit. The locust tree grove on the southern part of the site, which is protected by nature conservation, was intended as a deliberate contrast to the 'lifeless' stony field of the northern site.

THE DESIGN OF THE OPEN-AIR SPACE

In terms of landscape architecture, the task was to design the big open-air space of the Topography of Terror, an area of around 30,000 square metres, taking account of the existing excavations and the natural border of locust trees (*Robinia pseudoacacia*) covering around 14,000 square metres.

To begin with, the place stood out strikingly as a wasteland, an empty space within the urban environment. To preserve this disturbing impression of vacancy we located the building in a freestanding position on the site and the entire surrounding

„Obwohl an einem ‚Ort der Täter' die Erinnerung an die Opfer nicht fehlen darf, muss hier doch die Auseinandersetzung mit den politischen und gesellschaftlichen Bedingungen, unter denen die Verbrechen möglich wurden, und mit den Menschen, die sie erdachten, organisierten und durchführten, eindeutig im Vordergrund stehen. […] Es muss ein Ort sein, der zum Nachdenken über Diktatur, Rassismus und Menschenverachtung anregt, der das Unfassbare des nationalsozialistischen Verbrechens bis hin zum Völkermord nicht verkleinert, aber doch Aufklärung möglich macht."

"Although remembrance of the victims should not be neglected at a key site of the perpetrators, it is clear that the main focus here must be to critically examine the political and social conditions under which these crimes were possible, and to investigate those who conceived, organised and carried out those crimes. […] It should be a place that inspires people to think deeply about dictatorship, racism, and contempt for humankind, a site that does not downplay the incomprehensible nature of Nazi crimes, up to and including genocide, but allows for enlightenment."

Reinhard Rürup, Abschlussbericht der Fachkommission zur Erarbeitung von Vorschlägen für die Nutzung des „Prinz-Albrecht-Geländes" („Gestapo-Geländes") in Berlin-Kreuzberg, März 1990, S. 14

Reinhard Rürup, Final Report for the Special Commission on the Development of Proposals for the Use of the Prinz Albrecht Site ('Gestapo Site') in Berlin-Kreuzberg, March 1990, p. 14.

Ausgrabungen und des angrenzenden etwa 14.000 Quadratmeter großen Robinienwäldchens (*Robinia pseudoacacia*).

Zunächst fiel der Ort als Brache, als Leerstelle, in seinem städtischen Kontext auf. Um diesen irritierenden Eindruck zu bewahren, wurde das Gebäude frei auf dem Gelände positioniert und die es umgebende Fläche einheitlich mit einer vegetationsfrei zu erhaltenden Schotterschicht aus grauem Naturstein (Grauwacke regionaler Herkunft) bedeckt. Das vorgefundene Bodenrelief wurde, ausgenommen zur Verbreiterung des Ausstellungsgrabens, nicht verändert. Durch den Einsatz nur weniger Materialien – neben dem Schotter wurden ausschließlich grauer Asphalt auf den Wegen, hellgrauer Beton, silbergrau beschichtetes Metall und farbloses Glas verwendet – und den Gebrauch nur einzelner, reduziert gestalteter Einbauten – wie Stützwände und Sitzbänke aus Sichtbeton – sollte die karge und nüchterne Erscheinung des Geländes unterstrichen werden.

Zur Wilhelmstraße hin deuten vereinzelte, frei auf die Schotterfläche gesetzte Schnurbäume (*Sophora japonica*) einen räumlichen Abschluss des Geländes an. Den Übergang zum Robinienwäldchen bilden weitere Schnurbäume, den zum angrenzenden Parkplatz des Europahauses ein mit einzelnen Wildbirnen (*Pyrus communis*) überstelltes, dem Vogelschutz dienendes Gehölz aus Schlehdorn (*Prunus spinosa*) und Weißdorn (*Crataegus monogyna*).

Dem dichten, wild aufgewachsenen Robinienwäldchen, mit dem gemeinhin eher ein schönes Naturerlebnis verbunden wird, liegt das freie, karg und nüchtern gestaltete Gelände dialektisch gegenüber. Ebendiese nüchterne Gestaltung von Gelände und Gebäude korrespondiert mit dem Ansatz, Geschichte dokumentieren und Informationen sachlich vermitteln zu wollen und entspricht damit dem grundsätzlichen Anspruch der Stiftung Topographie des Terrors. Während das Robinienwäldchen vom Grundsatz her sich selbst, der „Natur", überlassen wird, muss die karge Fläche stetig – wenn auch mit vergleichsweise einfachem Aufwand – gepflegt werden. Dies steht im übertragenen Sinne für die Erfordernis eines kontinuierlichen, aktiven Vorgehens gegen das Vergessen.

open area was covered with a uniform layer of natural grey gravel (greywacke from the local region) that would stay devoid of vegetation. The uncovered floor relief remained unchanged except where the exhibition trench was widened. The use of just a few materials – aside from the gravel, only grey asphalt on the paths, light-grey concrete, silver-grey laminated metal and colourless glass – and the use of isolated, minimally designed fittings such as support walls and raw concrete benches, was intended to emphasise the bare, sombre look of the site.

On the Wilhelmstraße side, isolated pagoda trees (*Sophora japonica*) ranged across the gravel surface make a loose barrier to close off the site. Further pagoda trees form the edge of the grove of locust trees. The area in front of the adjacent parking lot of the Europahaus is overgrown with wild pear trees (*Pyrus communis*), a blackthorn grove (*Prunus spinosa*) and hawthorn (*Crataegus monogyna*), which supports bird protection.

The open, barren and austere design of the site stands in dialectical contrast to the thick, wildly overgrown grove of locust trees, which inevitably evokes the beauty of nature. The plain design of the site and the building reifies the concept of documenting history and providing factual information, in line with the fundamental aim of the Topography of Terror. While the locust tree grove is basically left to 'nature', the barren grounds require tending all the time. While this can be done by comparatively simple means, it is a metaphorical expression of the need for a continuous and active approach to prevent forgetting.

The site offers a remarkable opportunity for attracting visitors to learn about the history of the Nazi period at the authentic location of the key control centres for the National Socialist policy of repression and for Nazi crimes from 1933 to 1945. However, only a few remnants still exist of buildings that once stood on the site, and they are not self-evident; they need to be put in a context. They can act as possible reference points for telling the story of the site and confirming its authenticity. The site tour accompanying the permanent exhibition in the building comprises fifteen key points where information is given on the

Dass die NS-Geschichte an jenem Ort vermittelt werden kann, an dem sich von 1933 bis 1945 tatsächlich die wichtigsten Zentralen nationalsozialistischer Repressions- und Verbrechenspolitik befanden, bietet eine besondere Chance, Besucher an sie heranzuführen. Es gibt im Gelände jedoch nur wenige Reste früherer Bebauungen – und diese sprechen nicht einfach für sich, sie bedürfen einer Kontextualisierung. Sie vermögen Anhaltspunkte zu sein, anhand derer die Geschichte des Ortes erzählt und dessen Authentizität belegt werden kann. So werden auf dem Geländerundgang, der ergänzend zur Dauerausstellung im Gebäude angelegt ist, an insgesamt 15 Stationen vor Ort Informationen über die Zentralen des NS-Terrors sowie die weitere Bau- und Nutzungsgeschichte des Areals angeboten. Die durchgehende Schotterschicht bleibt dafür an denjenigen Stellen ausgespart, an denen sich die freigelegten baulichen Reste befinden. So werden diese als materielle Spuren sichtbar. Auch der asphaltierte Rundweg ist in die Schotterschicht eingebettet. Er führt über das gesamte Gelände, erschließt alle Stationen und bezieht auch den Gehweg entlang der Berliner Mauer ein, der im Zuge der Neugestaltung wieder freigelegt wurde. An den so sichtbar gewordenen Resten des historischen Gehwegbelags lassen sich die Eingänge zu den geschichtsträchtigen Adressen der ehemaligen Prinz-Albrecht-Straße (heute Niederkirchnerstraße) ablesen. Das Robinienwäldchen ist eine eindrückliche materielle Spur, die für das Vergessen und Verdrängen der NS-Geschichte steht. Um das Wäldchen deutlicher als Exponat zu präsentieren, wurde es entlang der Wilhelm- und Anhalter Straße freigestellt und die Schotterfläche dort fortgesetzt. Die Lage des Prinz-Albrecht-Palais, das als repräsentativer Dienstsitz des Chefs des Reichssicherheitshauptamtes genutzt wurde, ist ablesbar durch den Kontrast der dort gemähten Wiesenfläche zum angrenzenden dichten Wäldchen.

Der Rundweg, der im Wäldchen auf freigelegten Resten einer Fahrbahn des ehemaligen Autodroms verläuft, führt nach dessen Verlassen an abgedeckten Relikten des ehemaligen Luftschutzgrabens – ablesbar an seinem auffälligen Zickzack-Verlauf – vorbei zum „Küchenkeller". In Sichtweite liegt das

spot about the centres of Nazi terror and the other buildings and the use of the terrain as a whole. The gravel layer that otherwise covers the site is interrupted at the places where the uncovered building remains can be seen. This renders them visible as material traces. The asphalt circular footpath is also embedded in the gravel layer. The footpath runs across the whole site, taking in all the information points, and includes the pavement alongside the Berlin Wall remains that was re-excavated as part of the redesign. The remains of the surface of the historical pavement were exposed, making it possible to envisage the entrances to the famous historical addresses of buildings in former Prinz-Albrecht-Straße (now Niederkirchnerstraße). The locust tree grove stands as an impressive and substantial trace of the past that symbolises the forgetting and repression of Nazi history. To accentuate the presentation of the grove as part of the exhibition, the area of the site bordering on Wilhelmstraße and Anhalter Straße was cleared and the gravel surface was resumed there. The location of Prinz Albrecht Palais, which was used as the representative office of the head of the Reich Security Main Office, is illustrated by the contrast of the mowed lawn there with the adjacent thick grove.

In the grove the circular path runs over the excavated remains of a circuit from the old Autodrom. After leaving the grove it goes past the covered relics of the former underground air raid shelter – identifiable by its striking zigzag shape – and on to the 'basement kitchen'. The surviving historical gate at the back of the building along former Prinz-Albrecht-Straße can still be seen from there.

During the redesign work the remaining fragments of the courtyard wall of the Gestapo house prison that were stored on the site were reinstalled at their original location, where they now form a threshold in the circular path that visitors cross on their way to the ground memorial at the end of the path. The ground memorial, which remains covered for conservational reasons, is marked as an outline in the gravel surface. At this point the circular path expands into a wide open area to allow visitors to pause and remember the prisoners who were

noch erhaltene historische Tor der rückseitigen Erschließung der Gebäude entlang der ehemaligen Prinz-Albrecht-Straße. Die abgebrochenen, auf dem Gelände gelagerten Reste der Hofmauer des ehemaligen Gestapo-Hausgefängnisses wurden im Zuge der Neugestaltung wieder an ihrer ursprünglichen Stelle eingebaut und bilden im Rundweg nun eine Schwelle, die der Besucher übertritt, wenn er sich dem Bodendenkmal am Ende des Rundwegs nähert. Das Bodendenkmal, aus konservatorischen Gründen weiterhin abgedeckt, ist innerhalb der Schotterfläche als Umriss markiert. An dieser Stelle weitet sich der Rundweg platzartig auf, um Gelegenheit zum Verweilen im Gedenken an die Gefangenen des Gestapo-Hausgefängnisses zu geben. Zusätzlich bietet sich hier Raum für besondere temporäre Ausstellungsinstallationen oder Veranstaltungen im Außengelände.
Der Ausstellungsgraben entlang der Niederkirchnerstraße ist seit Ende der 1980er-Jahre ein etablierter und identitätsstiftender Ausstellungsort der Topographie des Terrors. Im Zuge der Neugestaltung wurde er verbreitert und die Zugänglichkeit durch neue Treppen und Rampen verbessert. Die Böschung als Teil des Geländes ist konsequent mit der einheitlichen Schotterschicht bedeckt. Die in einem dichten Abstand aufeinander folgenden Stahlrahmen der Glas-Überdachung des Grabens fassen den schmalen, langen Ausstellungsraum entlang der freigelegten Kellerwand- und Fundamentreste. Seine Transparenz macht den räumlichen Bezug zum freigelegten und wieder begehbaren historischen Gehweg erkennbar.
Unverändert zur 2005 vorgefundenen Situation erfolgt der Zugang zum Gelände von der Niederkirchnerstraße an der nordöstlichen Ecke des Martin-Gropius-Baus und von der Wilhelmstraße aus. Parallel zum Ausstellungsgraben führt der Hauptweg zum Vorplatz und Eingang des Gebäudes.

DIE GESTALTUNG DES GEBÄUDES

Aus den grundsätzlichen Empfehlungen der Fachkommission von 1990 entwickelte die Stiftung Topographie des Terrors das konkrete Nutzungskonzept für den Neubau des Besucher- und

incarcerated in the Gestapo's house prison. There is also space here for special temporary exhibition installations and outdoor events on the site.
The exhibition trench along Niederkirchnerstraße has been an established exhibition site for the Topography of Terror since the end of the 1980s, and is an essential part of its identity. During the reconstruction it was widened and made more accessible with new steps and ramps. The slope, as part of the site, is consistently covered with a uniform layer of gravel. The close sequence of steel frames for the glass roofing over the trench form a long, narrow framework for the exhibition space. Its transparency provides the spatial connection to the excavated and now accessible original pavement.
The entrances to the site remain unchanged and are located at Niederkirchnerstraße at the north-eastern corner of Martin Gropius Bau, and at Wilhelmstraße. The main pathway to the forecourt and the building entrance runs parallel to the exhibition trench.

THE DESIGN OF THE BUILDING

The Topography of Terror Foundation developed the basic recommendations of the specialist commission of 1990 into the specific concept for the new building for the Visitor and Documentation Centre with a planned total usable floor space of around 3,400 square metres. Visitors were expected to range from the general public to school and youth groups as well as academic specialists. The aim was to offer them a wide variety of options for information and discussion. The new building consequently included space for an extensive programme of exhibitions and events, and a specialist library. The director's office, the administration offices, and the area for the Foundation's scholarly research are also situated in the building.
The recognition that it would be impossible to create a link with either the historical or the present-day urban structure led to the idea that the concept of neutrality should also apply

Dokumentationszentrums mit einer programmierten Nutzfläche von insgesamt etwa 3.400 Quadratmetern. Den Besuchern – von der allgemein interessierten Öffentlichkeit über Schüler- und Jugendgruppen bis hin zum wissenschaftlich motivierten Fachpublikum – sollten vielfältige Möglichkeiten der Information und Diskussion eröffnet werden: So umfasst der Neubau Räumlichkeiten für das Angebot eines umfangreichen Ausstellungs- und Veranstaltungsprogramms sowie für eine Fachbibliothek. Außerdem befinden sich dort auch die Leitungs-, Verwaltungs- sowie die wissenschaftlichen Arbeitsbereiche der Stiftung.

Die Folgerung aus den Überlegungen der nicht möglichen Bezugnahme zum historischen wie zum gegenwärtigen Stadtgefüge forderte auch für die Form und Erscheinung des Gebäudes (wie auch für dessen innere Struktur) Neutralität.

Mit dem Gebäude sollte den Besuchern das Erinnern an und das Lernen aus der Geschichte des Ortes sowie deren Dokumentation und weitere Erforschung gleichsam auf den Punkt gebracht werden. Dem wurde architektonisch mit einem nicht erweiterbaren Zentralbau entsprochen, für den wir das Quadrat als neutralste und rationalste Grundform wählten. Die typologische Erscheinung als eine Art Ausstellungspavillon ist dabei intendiert. Das Gebäude steht nur eingeschossig, leicht erhaben über der Schotterschicht auf dem Gelände, während seine zweite Ebene vollständig eingesenkt ist. Dennoch von allen Seiten des Stadtraums aus wahrnehmbar, markiert es den Erinnerungsort und repräsentiert seine zentrale inhaltliche Bedeutung.

Auch in der Struktur und Materialität der Fassade setzt sich das Gebäude von den es umgebenden Gebäuden ab. Zu allen Seiten ist der Baukörper mit einer Hülle aus silbergrau beschichteten horizontalen Metallstäben umgeben. Diese Hülle, die auch als sommerlicher Wärmeschutz ausgelegt ist, erzeugt eine ruhige, einheitliche Gesamterscheinung des Baukörpers. Mit einem deutlichen Einschnitt öffnet sie sich im Bereich des Haupteingangs und des anschließenden Foyers. Von diesem „Schaufenster" aus sind die für sich sprechenden Zeugen der Geschichte wie in einem Panorama gleichsam übereinandergeschichtet zu überblicken: die ausgegrabenen Kellerwandreste

to the form and outward appearance of the building (and its interior structure). The building was intended to focus visitors' attention on the site as a memorial, on learning from its history, and the documentation and further study of this history. These functions were achieved in architectural terms with a central, non-extendable building. We chose the square as the most neutral and most rational basic form. It is intentionally designed to look like a typical exhibition pavilion. With only one storey, the building stands on the site slightly elevated above the gravel layer, while its second level is completely underground. Yet it is perceptible from every side of its urban surroundings, marking out the place of remembrance and representing its central inherent meaning.

The building is further distinguished from the buildings around it by the structure and materiality of its façade. The body of the building is enclosed on all sides by a casing made of silver-grey laminated horizontal metal rods. This casing, which also provides protection against summer heat, gives the body of the building an overall calm, unified look. It opens abruptly, cutting right away into the main entrance area and the adjoining foyer. Like a panorama seen through a showcase window, visitors are offered a view looking down on historical testimonies which speak for themselves, with the different layers of history arrayed on top of each other: the excavated cellar walls along former Prinz-Albrecht-Straße, the Berlin Wall, and beyond them, the building complexes once occupied by the Reich Aviation Ministry (now the Federal Ministry of Finance) and the Prussian Parliament (now the Berlin State Parliament).

On the main floor, the broad span of the reinforced concrete construction (support grid 18 × 18 metres) and the height (6 metres) give a feeling of utmost spaciousness and expansiveness. Visitors entering the foyer can immediately get an overall view of the main areas ranged around the inner courtyard in the middle of the building, and can easily reach them: the information desk, the service desk, the cafeteria, the exhibition area, and the auditorium, as well as the staircase to the plinth level.

entlang der ehemaligen Prinz-Albrecht-Straße, die Berliner Mauer und darüber der Gebäudekomplex des ehemaligen Reichsluftfahrtministeriums (heute Bundesministerium der Finanzen) sowie der Preußische Landtag (heute Berliner Abgeordnetenhaus).

Die weit gespannte Stahlbetonkonstruktion (Stützraster 18 × 18 Meter) und die Höhe (6 Meter) des Hauptgeschosses bieten ein Höchstmaß an räumlicher Offenheit und Großzügigkeit. Bereits vom Foyer aus kann der Besucher unmittelbar die wesentlichen Bereiche, die um den gebäudemittigen Innenhof in offener Raumfolge angeordnet sind, überblicken und erreichen: Information, Service, Cafeteria, den Ausstellungsbereich und das Auditorium sowie die Freitreppe zur Sockelebene.

Außer in den Bereichen der konstruktiv erforderlichen Wandscheiben ist die Außenfassade verglast. Durch die Transparenz aller Seiten der Hauptebene werden Sichtbeziehungen zum historischen Ort und seiner Umgebung bewusst akzentuiert. In der offenen, großzügigen Raumstruktur sollen sich Besucher möglichst zwanglos bewegen und unvoreingenommen mit den Fakten und Zusammenhängen, die hier dauerhaft ans Tageslicht gebracht werden, auseinandersetzen können.

Die innenräumliche Gestaltung mit wenigen Materialien, Farben und einfachen Formen und Strukturen erzeugt eine ruhige, klare und helle Atmosphäre, die nicht von den Inhalten, die vermittelt werden, ablenkt und die Aufmerksamkeit des Besuchers nicht auf sich zieht. Die tragende Konstruktion ist in der Haupt- und Sockelebene als Sichtbeton ablesbar, nicht tragende Wände wie auch feste Einbauten und Möbel sind mit weißer Beschichtung gestaltet. Der Fußboden der Hauptebene ist durchgehend einheitlich mit dunkelgrauen schieferartigen Natursteinplatten (Phyllit) belegt. Akustikelemente, die Grund- und Sicherheitsbeleuchtung sowie weitere technische Installationen sind in der Hauptebene oberhalb einer durchgehenden, silber-eloxierten Metallrasterdecke angeordnet. In der Sockelebene sind die Sichtbetondecken unbekleidet und wirken mit als Speichermasse des weitgehend natürlich belüfteten Gebäudes. Dazu dient ein System aus Lüftungsklappen der Fassade unter Ausnutzung der

The outer façade is made of glass, except for the areas where the construction requires wall panels. The transparency on all sides of the main level deliberately accentuates visual perspectives on the historical site and its environment. The open, expansive spatial structure is designed for visitors to move around as freely as possible with an open-minded attitude to study the facts and connections that are permanently brought to light here. The interior design uses just a few materials, colours, and simple forms and structures to evoke a tranquil, clear, and light atmosphere that does not distract from the content the exhibition wants to communicate, and without imposing on visitors. The fundamental construction is visible as raw concrete on the main and plinth level, while non-load-bearing walls, fixtures and furniture are designed with white lamination. The entire floor of the main level is covered with dark grey natural slate tiles (phyllite). Acoustic elements, basic lighting and emergency lighting and other technical installations are arranged on the main level above a uniform silver anodised metal grid ceiling. On the plinth level the exposed concrete ceilings are left uncovered and act as thermal storage masses for the building, which is largely naturally ventilated. The air conditioning system consists of ventilation flaps on the façade using the cooler air supply from the shady inner courtyard and the evaporative coolness of the water surface.

The goal of openness and a broad overview also influenced the design of the permanent exhibition as an integral part of the building. The numerals of the years 1933 and 1945 on the front and back wall of the exhibition act as a frame. The central element of the exhibition, a ribbon of panels meandering freely through the room, runs between these numerals, offering visitors the opportunity of finding their own personal starting point for the exhibition topics. The horizontally presented (facsimile) photographs are accompanied by vertically arranged (facsimile) documents on freestanding lecterns. Many of these documents originated from desks in the building complex along Prinz-Albrecht-Straße. The visual connection with the site through the expansive glass frontage, and the sense of the time of day and

kühleren Zuluft aus dem verschatteten Innenhof und der Verdunstungskühle der Wasserfläche.

Auch die Gestaltung der Dauerausstellung als integrierter Bestandteil des Gebäudes zielt auf Offenheit und Überblick ab. Zwischen den an der vorderen und hinteren Wand des Ausstellungsbereichs positionierten Jahreszahlen 1933 und 1945 erstreckt sich als zentrales Element der Ausstellungsinstallation ein abgehängtes, im Raum frei mäandrierend angeordnetes Tafelband. Dem Besucher ist damit an vielen Stellen ein individueller Einstieg in die Ausstellungsthemen möglich. Die auf dem Tafelband horizontal präsentierten Fotografien (Faksimiles) werden durch Dokumente (Faksimiles) ergänzt, die auf freistehenden Pulten vertikal platziert sind. Zahlreiche dieser Dokumente hatten ihren Ursprung auf den Schreibtischen des Gebäudekomplexes entlang der Prinz-Albrecht-Straße. Der durch die großzügigen Verglasungen geschaffene Sichtbezug zum Ort und der durch das einfallende natürliche Licht vermittelte tages- und jahreszeitliche Bezug binden die präsentierte historische Geschichte in das Hier und Jetzt des Besuchers ein. Gleichsam sinnbildlich für das Vertiefen von Wissen sind die für die Öffentlichkeit zugänglichen Räume der Fachbibliothek sowie des Seminarbereichs in der Sockelebene angeordnet. Die vollständig in das Gelände eingesenkte Ebene öffnet sich an zwei gegenüberliegenden Seiten zum Außenraum: An der östlichen Seite ermöglicht eine flache Böschung für die hier angeordneten Seminarräume und den Konferenzraum, neben der natürlichen Belichtung und Belüftung, einen unmittelbaren Bezug zum Gelände. An der westlichen Seite schafft ein langgestreckter Lichthof eine ruhige und geschützte Situation für die dort angeordneten Büroräume der Leitung und Verwaltung der Stiftung.

In der Mitte des Gebäudes liegt der quadratische Innenhof mit einer flachen, leicht bewegten Wasserfläche. Er ist von beiden Ebenen und allen vier Seiten aus einsehbar, zugänglich ist er nur über die Lese- und Arbeitsbereiche von Bibliothek und Sammlung, die den Innenhof dreiseitig umfassen. Die Introvertiertheit dieser freiräumlichen Situation vermittelt Ruhe und

the season of the year given by the natural light falling through, integrate the presentation of the historical narrative into the visitors' own existence in the present moment.

As if to symbolise the need for deeper investigation, the publicly accessible rooms of the specialist library and the seminar area are situated in the plinth area. This level, which is completely embedded in the ground, has two openings to the outside on opposite sides: on the eastern side a slight slope allows natural light and ventilation for the seminar rooms and the conference room located here, as well as a direct relationship to the site. On the western side a long narrow atrium creates a serene, protected situation for the offices of the Foundation's directorate and administration.

In the middle of the building is the inner courtyard with a flat, gently moving sheet of shallow water. It is visible from both levels and from all four sides but is accessible only through the reading areas and work spaces of the library and the collection, which span the inner courtyard on three sides. The introverted atmosphere of this outdoor space creates a sense of calm and contemplation. The reflection of the sky and the slight movement of the water evoke a feeling of clarity, strength, and confidence. The Topography of Terror is an open, lively place for learning, understanding, and contemplating, and for communicative exchanges between people. It is the opposite of a monument created to warn and remonstrate. The goal of the design is to provide an architectural framework that openly welcomes and invites people to look seriously at Nazi history, and which can adapt to future conditions and changes in how this history should be communicated. The specific purpose of the Topography of Terror and its mode of expression are unequivocal: it uses its position to take a firm stand against forgetting and against shutting off Nazi history, and it remains a blank space, a disturbing place in the city.

Kontemplation. Die Spiegelung des Himmels und das leicht bewegte Wasser lassen Assoziationen zu, die auf Klärung, Kraft und Zuversicht deuten.

Als offener, lebendiger Ort des Nachdenkens, Erkennens und Lernens sowie des kommunikativen Austauschs mit anderen steht die Topographie des Terrors im programmatischen Gegensatz zu einem Mahnmal. Die Gestaltung will den architektonischen Rahmen bieten, der für die Befassung mit der NS-Geschichte offen und einladend wirkt und sich an zukünftige, sich wandelnde Bedingungen der Vermittlungsarbeit anpassen kann. In ihrer Zweckbestimmung und in ihrem Ausdruck ist sie allerdings nicht offen: Mit ihren Mitteln steht sie dem Vergessen und Abschließen mit der Geschichte entschlossen entgegen und bleibt als Leerstelle ein irritierender Ort in der Stadt.

LAGEPLAN

1 Berliner Mauer
2 Ausstellungsgraben
3 Wild aufgewachsenes Robinienwäldchen
4 Kellerwände der SS-Versorgungsbaracke
5 Bodendenkmal (verbliebene Reste des
   Gestapo-Hausgefängnisses)

SITE PLAN

1 Berlin Wall
2 Exhibition trench
3 Grove of wild locust trees
4 Cellar walls from the former SS mess hut
5 Ground memorial (remains of the Gestapo
   house prison)

Stresemannstraße

Abgeordnetenhaus von Berlin
(Preußischer Landtag)

Bundesministerium der Finanzen
(Reichsluftfahrtministerium)

N

Zimmerstraße

Niederkirchnerstraße (Prinz-Albrecht-Straße)

1

2

Martin-Gropius-Bau

Wilhelmstraße

Kochstraße

5

4

3

Europahaus

Deutschlandhaus

Anhalter Straße

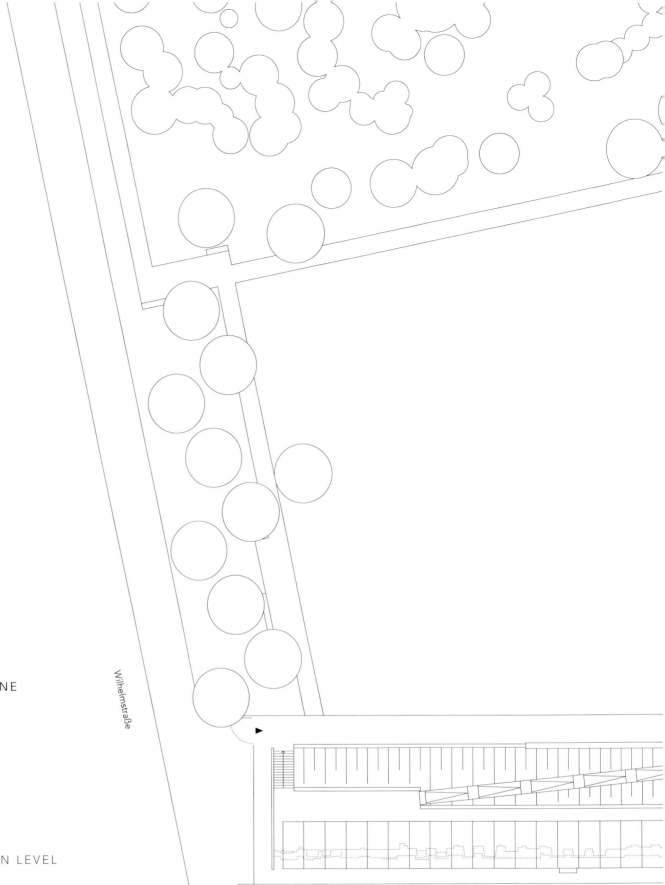

GRUNDRISS DER HAUPTEBENE

1 Foyer
2 Servicebereich
3 Cafeteria
4 Dauerausstellungsbereich
5 Wechselausstellungsbereich
6 Auditorium

GROUND PLAN OF THE MAIN LEVEL

1 Foyer
2 Service area
3 Cafeteria
4 Permanent exhibition area
5 Temporary exhibition area
6 Auditorium

Wilhelmstraße

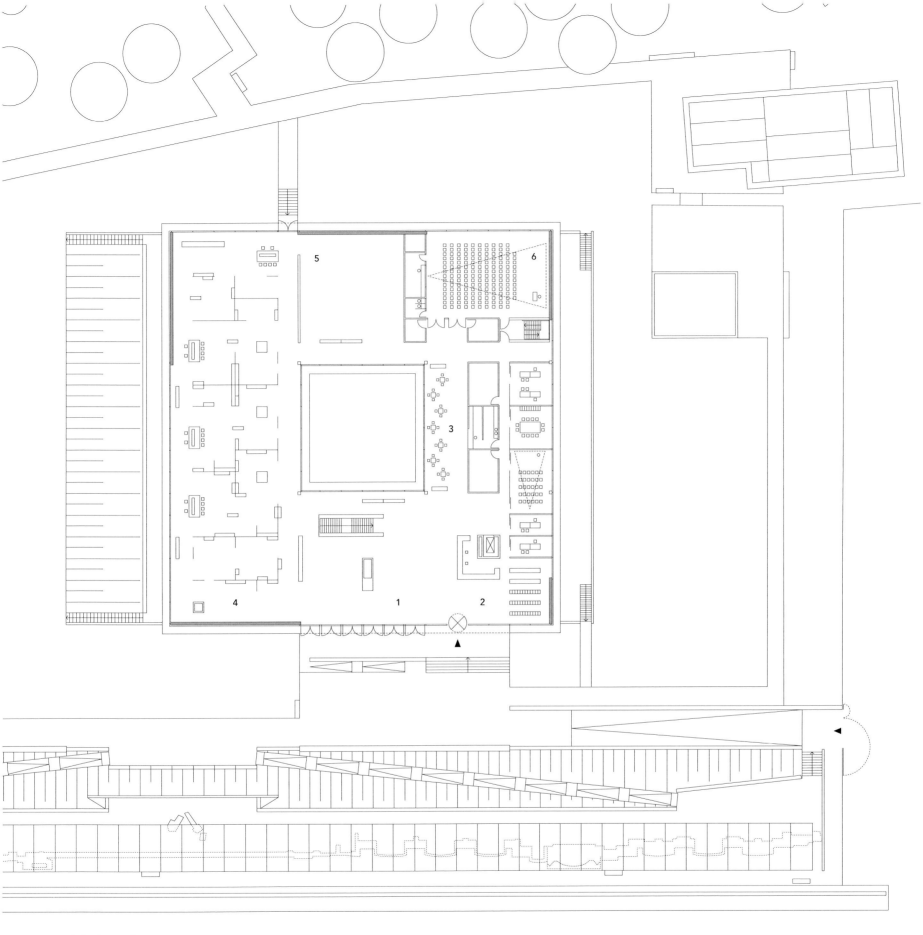

Niederkirchnerstraße

GRUNDRISS DER SOCKELEBENE

1 Unteres Foyer
2 Fachbibliothek
3 Seminarbereich
4 Bürobereich
5 Innenhof mit Wasserfläche

GROUND PLAN OF THE PLINTH LEVEL

1 Lower foyer
2 Library
3 Seminar area
4 Offices
5 Courtyard with water feature

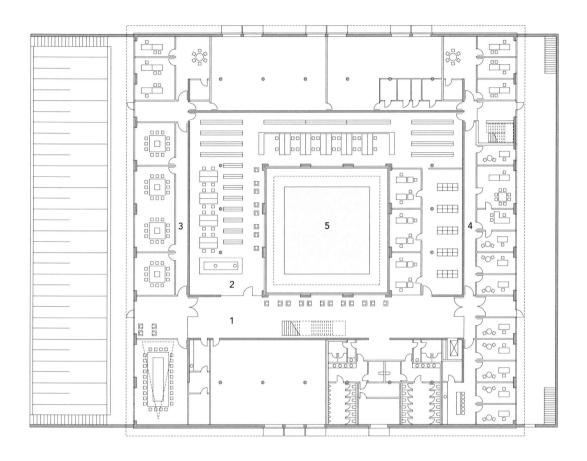

ANSICHT UND SCHNITT DES GEBÄUDES

VIEW AND SECTION OF THE BUILDING

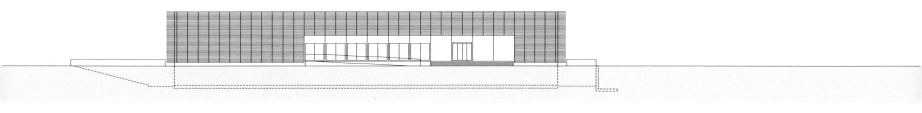

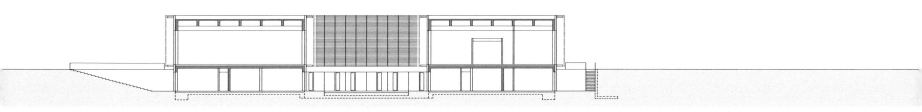

103

ANDREAS NACHAMA

(*1951, Berlin) studierte an der Freien Universität Berlin Geschichte und Judaistik. Von 1977 bis 1979 arbeitete er als wissenschaftlicher Assistent am Lehrstuhl für Neuere Geschichte der Ruhr-Universität Bochum. Anschließend war er von 1980 bis 1993 als leitender Mitarbeiter bei den Berliner Festspielen angestellt und dort unter anderem für die Koordination und Öffentlichkeitsarbeit der Berliner 750-Jahr-Feier 1987 verant-wortlich. Von 1994 bis 2019 war er geschäftsführender Direktor der Stiftung Topographie des Terrors. Als Gründungsdekan des Studiengangs Holocaust Studies lehrte er von 2005 bis 2015 am Touro College Berlin.
Seit 2000 ist Nachama Rabbiner der Synagogengemeinde Sukkat Schalom in Berlin und Vorsitzender der Allgemeinen Rabbiner-konferenz Deutschlands. Er ist Mitglied im Vorstand des House of One in Berlin und seit 2016 Jüdischer Präsident des Deutschen Koordinierungsrats der Gesellschaften für Christlich-Jüdische Zusammenarbeit. Er hat zahlreiche Bücher und Aufsätze zur Geschichte des 20. Jahrhunderts und zur jüdischen Geschichte und Gegenwart verfasst.
2019 wurde ihm die Moses Mendelssohn Medaille für sein Engagement für Toleranz und Völkerverständigung und gegen Fremdenfeindlichkeit verliehen.

Born 1951 in Berlin, Germany; studied history and Jewish studies at the Free University of Berlin. From 1977 to 1979 he was a research assistant at the Chair of Modern History at the Ruhr University in Bochum. From 1980 to 1993 he was a senior staff member at the Berlin Festival Organisation and responsible for coordination and PR for events including the City of Berlin's 750th anniversary celebrations in 1987. He was managing director of the Topography of Terror Foundation from 1994 to 2019. He founded and directed the Holocaust Studies course at Touro College Berlin, and taught there from 2005 to 2015.
Nachama has been rabbi of the Sukkat Shalom synagogue congregation in Berlin since the year 2000, and is chair of the General Rabbinical Conference of Germany. He is a board member of the House of One in Berlin and, since 2016, Jewish President of the German Coordinating Council of the Society for Christian-Jewish Cooperation in Germany. He has published numerous books and essays on twentieth-century history and on Jewish history and Jewish life today.
In 2019 he was awarded the Moses Mendelssohn Medal for his commitment to tolerance and combating xenophobia.

URSULA WILMS

(*1963, Erkelenz-Houverath) studierte Architektur in Aachen, Wien und Berlin. Sie war von 1999 bis 2011 Partnerin im Architekturbüro Heinle, Wischer und Partner, Freie Architekten. Zu ihrem Arbeitsschwerpunkt gehörten Konzeption und Planung einer Vielzahl realisierter Bauten für das Gesundheitswesen. 2006 erhielt der von ihr in Arbeitsgemeinschaft mit dem Landschaftsarchitekten Heinz W. Hallmann verfasste Entwurf für den Neubau des Dokumentationszentrums und die Neugestaltung des Geländes Topographie des Terrors den ersten Preis beim international offen ausgelobten Realisierungswettbewerb. Das Projekt wurde im Frühjahr 2010 fertiggestellt und eröffnet.
Seit 2012 gestaltete sie weitere Gedenk- und Informationsorte sowie Ausstellungen zu Themen des Nationalsozialismus, u. a. die Gedenkstätte Deutscher Widerstand, Berlin (2014), den Gedenk- und Informationsort für die Opfer der nationalsozialistischen „Euthanasie"-Morde, Berlin (2014), die Wanderausstellung *Massenerschießungen. Der Holocaust zwischen Ostsee und Schwarzem Meer 1941–1944* (2016), die Dauerausstellung in der Gedenkstätte Plötzensee, Berlin (2019), und die Dauerausstellung *Stille Helden – Widerstand gegen die Judenverfolgung in Europa 1933 bis 1945*, Berlin (2020).

Born 1963 in Erkelenz-Houverath, Germany; studied architecture in Aachen, Vienna, and Berlin. She was a partner in the architectural firm Heinle, Wischer und Partner from 1999 to 2011. Her major fields of work include the conception and planning of multiple buildings for the health system. In 2006 her design for the new building for the Topography of Terror Documentation Centre and the reshaping of the Topography of Terror site, developed jointly with the landscape architect Heinz W. Hallmann, received first prize in the international architectural competition. The project was completed and opened to the public in the spring of 2010.
Since 2012 she has designed further memorial and information centres as well as exhibitions on the topics of National Socialism, including for the German Resistance Memorial Centre, Berlin (2014), the Memorial and Information Centre for the Victims of the Nazi Euthanasia Programme, Berlin (2014), the travelling exhibition *Mass shootings. The Holocaust between the Baltic Sea and the Black Sea 1941–1944* (2016), the permanent exhibition of the Plötzensee Memorial, Berlin (2019), and the permanent exhibition *Silent Heroes – Resistance against Persecution of the Jews in Europe 1933–1945*, Berlin (2020).

HEINZ W. HALLMANN

(*1940, Simmerath-Lammersdorf) studierte Garten- und Landschaftsgestaltung in Berlin. Von 1966 bis 1971 arbeitete er am Institut für Sportstättenbau des Deutschen Sportbunds und bei der Olympia-Baugesellschaft u. a. als ständiger Berater des Organisationskomitees für die Spiele der XX. Olympiade 1972 in München. Ab 1972 realisierte er mit seinem eigenen Büro eine Vielzahl von Projekten mit dem Schwerpunkt der Planung von öffentlichen Spiel-, Sport- und Erholungsanlagen. Zudem wurde sein Büro mit Vor- und Machbarkeitsstudien sowie Planungen für verschiedene Landesgartenschauen in NRW betraut.

Von 1985 bis 2005 war er Professor am Institut für Landschaftsarchitektur und Umweltplanung der Technischen Universität Berlin. Sein Forschungsschwerpunkt galt kulturhistorischen landschaftsbaulichen Elementen in historischen Garten- und Parkanlagen sowie Landschaften.

Von 2000 bis 2002 wirkte er an der fachinhaltlichen Konzeption des Zentrums für Gartenkunst und Landschaftskultur Schloss Dyck im Rheinland mit. Zu seinen Projekten gehörte auch die Wiederherstellung des historischen Parks sowie die Neugestaltung des Gartenparterres von Schloss Dyck. Von 2006 bis 2010 wirkte er an der Umsetzung des gemeinsam mit Ursula Wilms verfassten Entwurfs für die Neugestaltung des Geländes der Topographie des Terrors mit. Seine berufliche Laufbahn beendete er 2010 mit der Fertigstellung des Projekts und widmet sich seither dem freien Schreiben und der Gartenarbeit.

Born 1940 in Simmerath-Lammersdorf, Germany; studied garden and landscape design in Berlin. From 1966 to 1971 he worked at the Institute for Sports Facilities Construction of the German Sports Federation and at the Olympic Construction Company of Germany, including as a permanent advisor to the organisation committee for the XX Olympic Games in Munich in 1972. In 1972 he began creating a series of projects with his own office, focusing on the planning of public facilities for games, sports, and leisure. His office also carried out advance and feasibility studies and planning for various landscape garden shows in North-Rhine Westphalia.

From 1985 to 2005 he was a professor at the Institute of Landscape Architecture and Environmental Planning at the Technical University of Berlin. His research focused on historical and cultural elements of landscape buildings in historical parks and gardens as well as landscapes.

From 2000 to 2002 he collaborated as a specialist on the conception of the Centre for Garden Art and Landscape Design at Schloss Dyck in the Rhineland region. Among his other projects was the reconstruction of the historical park and the redesign of the ground-level garden at Schloss Dyck. From 2006 to 2010 he collaborated with Ursula Wilms on the realisation of their joint plan for remodelling the Topography of Terror site. After finishing this project he retired in 2010 and has concentrated on writing and gardening ever since.

FRIEDERIKE VON RAUCH

(*1967, Freiburg) lebt als bildende Künstlerin in Berlin. Sie wurde als Silberschmiedin ausgebildet und studierte Gestaltung an der Universität der Künste in Berlin, ehe sie als Location-Scout für internationale Filmproduktionen arbeitete.

Seit Anfang der 2000er-Jahre konzentriert sie sich auf ihre künstlerische Arbeit: stille, bisweilen minimalistisch reduzierte Fotografien mit ungewöhnlichen Ansichten besonderer Orte, deren räumliche Atmosphäre sie in Bildserien vertieft. Sie realisierte zahlreiche Einzelausstellungen, u. a. im Hafnarborg Centre of Culture and Fine Art, Island (2010), im Forum für Fotografie Köln (2013), in der i8 Gallery Reykjavík, Island (2014), in der Deutschen Oper Berlin (2015), im Kunstverein KunstHaus Potsdam (2015), im Goethe-Institut Paris (2017) und im Haus am Kleistpark, Berlin (2019).

Darüber hinaus nahm sie an Gruppenausstellungen in Institutionen wie u. a. dem Martin-Gropius-Bau, Berlin (2011), dem Heidelberger Kunstverein (2011), dem Marta Herford (2012), der Halle am Berghain, Berlin (2014), der Berlinischen Galerie (2015), dem Goethe-Institut Rio de Janeiro (2016), den Deichtorhallen Hamburg (2019) und dem Georg Kolbe Museum, Berlin (2020) teil. Von Rauchs Werke befinden sich in zahlreichen privaten und öffentlichen Sammlungen, wie etwa der Sammlung des Bundestags, der Sammlung Deutsche Bank, der Kunstsammlung Hess und der Königlich Niederländischen Sammlung.

Born 1967 in Freiburg, Germany; lives and works as an artist in Berlin. She trained as a silversmith and studied design at the Berlin University of the Arts before working as a location scout for international film productions.

She has concentrated on her artistic work since the beginning of the 2000s. Her calm, at times minimalist photographs convey unusual views of particular places whose spatial atmosphere she explores in photo series. She has held numerous solo exhibitions, including at Hafnarborg Centre of Culture and Fine Art, Iceland (2010), Forum for Photography Cologne (2013), i8 Gallery Reykjavík, Iceland (2014), Deutsche Oper Berlin (2015), Kunstverein KunstHaus Potsdam (2015), Goethe Institute Paris (2017), and Haus am Kleistpark, Berlin (2019).

She has also participated in group shows at venues including Martin Gropius Bau, Berlin (2011), Heidelberger Kunstverein (2011), Marta Herford (2012), Halle am Berghain, Berlin (2014), Berlinische Galerie (2015), Goethe Institute Rio de Janeiro (2016), Deichtorhallen Hamburg (2019), and Georg Kolbe Museum, Berlin (2020). Rauch's photographs belong to private and public collections such as the collection of the German Bundestag, the Deutsche Bank Collection, Kunstsammlung Hess, and the Royal Collections of the Netherlands.

DANK

Andreas Nachama, Friederike von Rauch und Heinz W. Hallmann
gilt mein herzlicher Dank für ihre Beiträge zu diesem Buch über
einen Ort, der uns auf je unterschiedliche Weise beschäftigt und
auch zusammengeführt hat.
Für ihre Bereitschaft zur Übersetzung ins Englische und ihre wert-
vollen Hinweise danke ich Karen Margolis sehr.
Doris Kleilein, Theresa Hartherz und Susanne Rösler – stellver-
tretend für die Mitarbeiter des jovis Verlags – danke ich für ihr
engagiertes Mitwirken an der Konzeption, das Lektorat, die
grafische Gestaltung und Realisationsbetreuung.
Carsten Humme gilt mein Dank für die Lithografie, Michaela
Gleinser für die grafische Gestaltung der Zeichnungen.
Für die Mitfinanzierung dieser Publikation bedanke ich mich
sehr bei Heinle, Wischer und Partner, Freie Architekten.

Ursula Wilms (Herausgeberin)

ACKNOWLEDGEMENTS

My sincere thanks to Andreas Nachama, Friederike von Rauch,
and Heinz W. Hallmann for their contributions to this book
about a place that involves each of us in different ways, and that
brought us together.
I am very grateful to Karen Margolis for the English translation
and for her valuable input.
I would also like to thank Doris Kleilein, Theresa Hartherz,
Susanne Rösler, and the other team members at jovis Verlag
for their commitment and cooperation in working on the
conception, editing, graphic design, and final production.
Thanks to Carsten Humme for the lithography, and Michaela
Gleinser for the graphic design of the drawings.
Finally, I am deeply grateful to Heinle, Wischer und Partner,
Freie Architekten for co-funding this publication.

Ursula Wilms (editor)

© 2021 by jovis Verlag GmbH
Das Copyright für die Texte liegt bei den Autoren.
Das Copyright für die Fotografien liegt bei Friederike von Rauch.
Das Copyright für die Zeichnungen liegt bei Ursula Wilms.
Texts by kind permission of the authors.
Photographs by kind permission of Friederike von Rauch.
Drawings by kind permission of Ursula Wilms.

Umschlagmotiv Cover: Friederike von Rauch, TdT 20, 2010
Übersetzung ins Englische English translation:
Karen Margolis, Berlin
Lektorat Deutsch German copyediting:
Theresa Hartherz, jovis Verlag, Berlin
Lektorat Englisch English copyediting: Lee Holt, Potsdam
Gestaltung und Satz Design and setting:
Susanne Rösler, jovis Verlag, Berlin
Lithografie Lithography: Carsten Humme, Leipzig
Druck und Bindung Printing and binding:
DZA Druckerei zu Altenburg, Altenburg

Bibliografische Information der Deutschen Nationalbibliothek:
Die Deutsche Nationalbibliothek verzeichnet diese Publikation in
der Deutschen Nationalbibliografie; detaillierte bibliografische
Daten sind im Internet über http://dnb.d-nb.de abrufbar.
Bibliographic information published by the Deutsche
Nationalbibliothek:
The Deutsche Nationalbibliothek lists this publication in the
Deutsche Nationalbibliografie; detailed bibliographic data are
available on the Internet at http://dnb.d-nb.de.

jovis Verlag GmbH
Lützowstraße 33
10785 Berlin

www.jovis.de

jovis-Bücher sind weltweit im ausgewählten Buchhandel erhält-
lich. Informationen zu unserem internationalen Vertrieb erhalten
Sie von Ihrem Buchhändler oder unter www.jovis.de.
jovis books are available worldwide in select bookstores. Please
contact your nearest bookseller or visit www.jovis.de for information concerning your local distribution.

ISBN 978-3-86859-673-1